Antichi Cammini e Itinerari Storici di Sicilia

Vol. 1: Via Selinuntina

Collana Nuove Tecnologie Digitali al servizio dell'Archeologia

Ignazio Caloggero

INTRODUZIONE **4**

1. IL PROGETTO ANTICHI CAMMINI E ITINERARI STORICI DI SICILIA . 6

1.1 OBIETTIVI E NOTE METODOLOGICHE 6
1.2 FONTI BIBLIOGRAFICHE E CARTOGRAFICHE 10
1.3 CARTA ARCHEOLOGICA MULTIMEDIALE DI SICILIA (CAMS) 15
1.4 CARTA DEI SENTIERI E DELLE REGIE TRAZZERE DI SICILIA (CSRT) 18
1.5 CARTA DELLE VIE E DELLE TRASVERSALI SICULE, GRECHE E ROMANE ... 20
1.6 TUTTI I PERCORSI IN DIRETTA 23

2. VIA SELINUNTINA **27**

2.1 IL PERCORSO 27
2.2 TRATTO V1 (SIRACUSA - PALAZZOLO ACREIDE) 35
Variante V1.a – (Siracusa - Canicattini Bagni – Palazzolo Acreide) 36
Variante V1.b (Siracusa - Floridia – Solarino - Palazzolo Acreide) 48
Trasversale T1: Floridia - Canicattini Bagni 52
2.3 TRATTO V2 (PALAZZOLO ACREIDE - GIARRATANA) 60
2.4 TRATTO V3 (GIARRATANA - IBLA) 64
2.5 TRATTO V4 (IBLA - COMISO) 67
Variante V4.a: Ibla – Scassale – Comiso 68
Variante V4.b: Ibla - Cisternazzi - Comiso 75
2.6 TRATTO V5 (COMISO - ACATE) 84
2.7 TRASVERSALE T2 (GIARRATANA – CHIARAMONTE GULFI - ACATE) 90
2.8 TRASVERSALE T3 (CHIARAMONTE GUFI - COMISO) 98
2.9 TRATTO V6 (ACATE – NISCEMI) 105
2.10 TRATTO V7 (NISCEMI - BUTERA) 112
2.11 TRATTO V8 (BUTERA – RIESI - RAVANUSA) 116
2.12 TRATTO V9 (RAVANUSA - AGRIGENTO) 123
2.13 TRATTO V10 (AGRIGENTO - MONTALLEGRO) 132
2.14 TRATTO V11 (MONTALLEGRO - SCIACCA) 140
2.15 TRATTO V12 (SCIACCA – MAZARA DEL VALLO) 146
2.16 TRATTO V13 (MAZARA DEL VALLO - MARSALA) 160
2.17 TRATTO V14 (MARSALA - TRAPANI) 167

BIBLIOGRAFIA E CARTOGRAFIA **173**

Introduzione

Il volume descrive il Progetto Antichi Cammini e Itinerari Storici di Sicilia. I contenuti del documento testuale sono estratti dal sito "La Sicilia in Rete", dove è sempre possibile visionare lo stato dell'arte aggiornato, incluse le mappe interattive che descrivono i singoli percorsi e la cartografia utilizzata, anch'essa pubblicata online su mappe interattive. L'obiettivo del libro è fornire una lettura agevole e sintetica dei principali contenuti del progetto in modalità offline.

Nel libro è descritto anche uno dei percorsi storici previsti dal progetto, la Via Selinuntina, così come è visualizzabile nell'Area Web del progetto (salvo aggiornamenti), con l'aggiunta di circa 150 immagini e riflessioni non presenti nell'area web dedicata.

Il percorso presentato è stato suddiviso in tratti e ogni tratto è a sua volta costituito da Luoghi di Riferimento (LR) individuati sulla base di una serie di Elementi di Riferimento (ER). Per ogni tratto è stata fornita la lunghezza e sono stati descritti i siti archeologici presenti nelle vicinanze del percorso. Il totale dei siti descritti nel libro è di oltre 310. Inoltre, ognuno di essi è presente, georeferenziato e su mappa interattiva, nella Carta Archeologica Multimediale di Sicilia (CAMS).

Il processo operativo alla base della costruzione del percorso storico della Via Selinuntina, così come di tutti gli altri percorsi associati al progetto, si basa sull'implementazione di due importanti strumenti che a loro volta possono essere intesi come progetti autonomi e unici nel loro genere:

- Predisposizione della Carta Archeologica Multimediale di Sicilia (**CAMS**)
- Predisposizione della Carta dei Sentieri e delle Regie Trazzere di Sicilia (**CSRT**)

Questi strumenti, illustrati nel presente volume, sono messi a disposizione, in aree web pubbliche, per gli studiosi e l'intera collettività. Potranno essere utilizzati, insieme ai percorsi storici del progetto, per motivi di studio o, nel caso di enti di promozione del territorio, per individuare itinerari e percorsi escursionistici, esperienziali ed ecomuseali che rispecchino il più possibile la fedeltà agli antichi cammini di Sicilia.

Si chiarisce che, nelle sue prime fasi incrementali, il progetto va inteso come uno "Studio Propedeutico per una ricostruzione su mappa interattiva degli antichi cammini di Sicilia". Tutti i percorsi rappresentano il punto di partenza proposto alla comunità scientifica, propedeutico alla successiva fase di analisi dettagliata dei percorsi e dei singoli tratti che li costituiscono. Tutte le fasi di affinamento incrementale sono sottoposte a continui miglioramenti grazie ai contributi della comunità scientifica.

Per aggiornamenti in tempo reale sullo stato di avanzamento del progetto, si rimanda all'area web dedicata.

https://www.lasiciliainrete.it/antichi-cammini-e-itinerari-di-sicilia/

1. Il Progetto Antichi Cammini e Itinerari Storici di Sicilia

1.1 Obiettivi e note metodologiche

Obiettivi

Il progetto ha un duplice obiettivo:

A: Individuare e catalogare gli antichi Cammini e Itinerari storici di Sicilia in modo che possano essere di supporto per chiunque desidera individuare itinerari e percorsi escursionistici, esperienziali ed ecomuseali che rispecchino il più possibile la fedeltà agli antichi cammini.

B: Creazione della "Carta dei Cammini di Sicilia" sulla base dei cammini esistenti realizzati sul territorio dalle varie entità promotrici ed effettuare un confronto di questa carta con gli antichi Cammini e Itinerari Storici.

Per raggiungere il primo obiettivo sono state previste una serie di fasi operative:

1. Analisi delle fonti bibliografiche e cartografiche
2. Predisposizione della Carta Archeologica Multimediale di Sicilia (CAMS)
3. Predisposizione della Carta dei Sentieri e delle Regie Trazzere di Sicilia (CSRT)
4. Predisposizione della Carta dei Cammini e delle Trasversali Sicule, Greche e Romane

La Carta dei Sentieri e delle Regie Trazzere include anche segmenti della viabilità storica risalenti al XIX secolo. È importante considerare che numerosi segmenti delle Regie Trazzere e delle vie storiche seguono antichi percorsi documentati nella Carta dei Cammini e delle Trasversali Sicule, Greche e Romane.

Ogni fase è un processo dinamico. A seguito dell'applicazione del principio di miglioramento continuo, sono previste continue revisioni all'interno di ogni singola fase e di conseguenza dell'intero processo.

I Pilastri

Il progetto si fonda sui seguenti pilastri:

- **Bibliografia**: Studi approfonditi che vedono varie fonti bibliografiche (tra cui i lavori di Tommaso Fazello, Biagio Pace, Michele Amari, Adolfo Holm, Giovanni Uggeri e molti altri ancora)

- **Cartografia**: analisi della cartografia antica (sono state messe online a disposizione della collettività oltre 20 mappe antiche) e delle vie storiche (sentieri e regie trazzere)

- **Archeologia**: analisi dei siti archeologici di Sicilia (è stata creata la prima Carta Archeologica Multimediale di Sicilia (CAMS) contenente circa 4.000 siti archeologici).

- **Condivisione e Trasparenza:** I risultati dello studio sono pubblicati online e messi a disposizione in tempo reale della comunità scientifica e della collettività. Questo include informazioni sulle fonti utilizzate (bibliografia e cartografia), sulla metodologia impiegata e sulle modalità di individuazione dei singoli tratti dei vari percorsi.

Al momento (luglio 2024), sono stati pubblicati tracciati per circa 4.000 Km di cammini comprendenti le principali vie greche, romane e le trasversali ricordate da Biagio Pace. Tali vie, come ricorda Biagio Pace stesso, citando Paolo Orsi, vanno fatte risalire, in molti punti, a epoche più antiche, risalenti ai Siculi, Sicani, Elimi e ad altre popolazioni preistoriche. Il Progetto è realizzato a cura di Ignazio Caloggero e vede come Enti promotori il Centro Studi Helios e AIPTOC – Associazione Italiana professionisti del Turismo e Operatori Culturali.

Le Basi teoriche

Le basi teoriche su cui si basa l'intero progetto si fondano sui seguenti presupposti teorici:

a) Il primo sistema viario era prevalentemente di tipo naturale (percorsi paralleli ad un fiume, percorsi di crinale e contro crinale, percorsi di fondovalle);

b) Esiste un sistema viario in Sicilia a partire dalla preistoria costituite dalle Trazzere[1]

c) Esiste un certo grado di tradizionalità conservatrice per cui il sistema viario tende a mantenere le tracce di antichi percorsi[2];

d) Le carte topografiche antiche, almeno quelle fino ai primi del XIX secolo, forniscono preziose informazioni sull'andamento degli antichi percorsi, in quanto rappresentano un sistema viario che non risente ancora dei cambiamenti dovuti dalla costruzione delle strade carrabili[3];

e) La presenza di un sito archeologico va sempre valutata al fine di individuare eventuali percorsi storici[4];

f) Dall'alto (orto foto e/o immagini satellitari) è spesso possibile intravedere segni di antichi percorsi e aspetti geomorfologici utili alla individuazione di tracce ed elementi collegabili direttamente o indirettamente ai percorsi storici.

g) I Toponimi possono rivelare elementi di antichità storiche

---

[1] Tali trazzere, successivamente chiamate Regie Trazzere, erano necessarie per i collegamenti commerciali, per collegare gli antichi insediamenti tra di loro e per permettere lo spostamento degli animali nei periodi di transumanza

[2] In realtà tale presupposto va preso con un certo grado di cautela, in quanto un tracciato non è mai definitivo e può subire modifiche nel tempo a causa di una moltitudine di motivi (distruzione o abbandono di un insediamento, crescita di importanza di altri insediamenti limitrofi, necessità commerciali, necessità di realizzare percorsi più veloci e adatti ai nuovi e più veloci mezzi di trasporto, ecc)

[3] Su questo principio si basano moti studiosi degli antichi cammini che prendono come riferimento, tra le carte "moderne", quella realizzata da Samuel von Schmettau nel 1721. Anche la Carta Generale dell'Isola di Sicilia – Officio Topografico 1826 viene presa a riferimento in quanto non riporta le nuove strade carraie costruite a partire dalla prima metà del XIX secolo e che sostituiranno, in molti casi, le vecchie trazzere.

[4] È importante, in particolare per individuare i percorsi di epoca greco-romana ai siti che potrebbero in qualche modo essere associati a: Stationes, Mansiones e Mutationes

In relazione al punto al punto c, si veda quanto ricordato da Biagio Pace che riporta quanto scritto dal grande archeologo Paolo Orsi (1859-1935) nel suo libro "Notizie di scavi, Roma -1907":

"Chi ponesse mano allo studio della viabilità della Sicilia antica, da nessuno mai tentato, arriverebbe alla singolare conclusione che quasi tutte le vecchie trazzere non erano in ultima analisi che le pessime e grandi strade dell'antichità greca e romana, e talune forse rimontano ancora più addietro."[5].

Su questo principio i greci e i romani, almeno in Sicilia, ripresero, in linea di massima, i percorsi delle antiche trazzere.

---

[5] La frase è ricordata da Biagio Pace in una sua nota del libro "Arte e Civiltà della Sicilia Antica" Vol. I pag. 462 – Società Editrice Dante Alighieri – 1958

1.2 Fonti bibliografiche e cartografiche

Sono state analizzate le principali fonti che hanno permesso di individuare un primo nucleo di antichi cammini, in particolare di epoca greca e romana, a partire dalle informazioni fornite dai principali documenti antichi (in particolare la Tabula Peutingeriana e l'Itinerarium Antonini) e dagli studi di studiosi del settore (Tommaso Fazello, Biagio Pace, Michele Amari, Adolfo Holm, Giovanni Uggeri ed altri)

Questa fase ha previsto inoltre la predisposizione e digitalizzazione in formato zoomabile delle principali carte geografiche storiche utilizzate nel progetto.

Oltre alle antiche carte sono state prese in considerazione anche i sentieri, le trazzere e le vie storiche, in particolare quelle raffigurate nella carta di Schmettau del 1721[6], nella Carta Generale dell'Isola di Sicilia del 1826[7], nella carta Europe in the XIX. century (with the Third Military Survey)[8] e nella Cartografia dei Piani Paesaggistici della Regione consultabili online. Questo perché molte trazzere e vie storiche, a partire dalla prima metà del XIX secolo, sono state sostituite da strade carrabili.

Uno strumento utilissimo per la visione delle carte topografiche è stato il sito https://www.oldmapsonline.org/ relativo al progetto "OldmapsOnline" iniziato come una collaborazione tra Klokan Technologies GmbH, Svizzera e The Great Britain Historical GIS Project con sede presso l'Università di Portsmouth, nel Regno Unito, grazie al finanziamento di JISC. Da gennaio 2013 il progetto è migliorato e mantenuto dai volontari e dal team di Klokan Technologies GmbH nel loro tempo libero. L'archivio di Oldmapsonline contiene oltre 400.000 mappe di cui svariate decine relative alla sola Sicilia. Un ulteriore fonte di carte storiche è il sito di Map & Education Center at the Boston Public Library: https://collections.leventhalmap.org/

La ricerca delle fonti è da considerarsi dinamica, in quanto ulteriori fonti potranno essere utilizzati via via per migliorare quanto precedentemente fatto.

---

[6] Nova et accurata Siciliae Regionum, Urbium, Castellorum, Pagorum Montium, Sylvarum, Planitierum, Viarum Situm ac Singularium quorumque locorum et rerum ad Geographiam Partinentium Descriptio Universalis – 1721 autore Schmettau, Samuel von

[7] Carta Generale dell'Isola di Sicilia – Officio Topografico 1826

[8] https://www.lasiciliainrete.it/europe-in-the-xix-century-with-the-third-military-survey/

E' stata predisposta una pagina web dove è possibile viasualizzare online ad alta definizione e su mappa interattiva, gran parte della cartografia storica utilizzata.

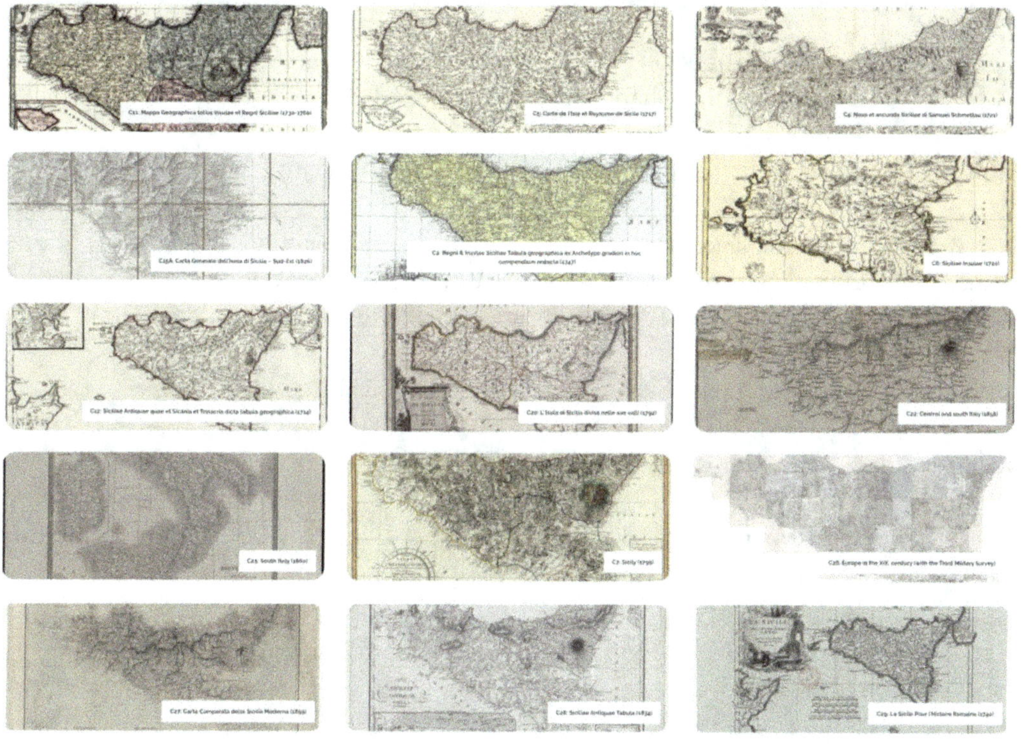

Link alla pagina web con le mappe interattive:

https://www.lasiciliainrete.it/antichi-cammini-e-itinerari-storici-di-sicilia-cartografia/

Fonti cartografiche (Aggiornamento aprile 2024)

C1: Road and rail communications – 1943 Autore: Great Britain. Army. Royal Engineers. Field Survey Company, 514th.

C2: Regni & Insvlae Siciliae Tabula geographica ex Archetypo gradiori in hoc compendium redacta - 1747 autore: Homann, Johann Baptist

C3: Carta generale della isola di Sicilia -1826 autore Smyth, William Henry

C4: Nova et accurata Siciliae Regionum, Urbium, Castellorum, Pagorum Montium, Sylvarum, Planitierum, Viarum Situum ac Singularium quorumque locorum et rerum ad Geographiam Partinentium Descriptio Universalis – 1721 di Samuel von Schmettau.

C5: Carte de l'Isle et Royaume de Sicile Autor: Delisle, Guillaume, 1675-1726

C6: Siciliae Insulae - Autor: Covens, Johannes, 1722-1794

C7: Sicily. Publisher: Robert Laurie & James Whittle – London (1799). Carta migliorata tratta dalla carta di Samuel von Schmettau del 1721.

C9: Insvlae sive Regni Siciliae, ante omnes Mediterranei maris Insulas clarissima. Autor: Weigel, Christoph, 1654-1725

C10: Regni & insvlae Siciliae tabula geographica – 1747

C11: Mappa Geographica totius Insulae et Regni Siciliae (1730-1760) - Autore Seutter, Matthäus.

C12: Siciliae Antiquae quae et Sicania et Trinacria dicta tabula geographica (1714) autore: Siciliae Insulae – Autor : L'Isle, Guillaume de

C15A: Carta Generale dell'Isola di Sicilia – Officio Topografico 1826 (Sud-Est)

C15B: Carta Generale dell'Isola di Sicilia – Officio Topografico 1826 (Nord Ovest)

C15C: Carta Generale dell'Isola di Sicilia – Officio Topografico 1826 (Nord est)

C15D: Carta Generale dell'Isola di Sicilia – Officio Topografico 1826 (Area Agrigento)

C16: Linee guida del Piano territoriale paesistico regionale – Viabilità storica

C17: Siracusa ai tempi di Gelone e Gelone I cartina con le strade in uscita da Siracusa allegata al libro di Adolfo Holm: Storia di Sicilia-Vol. I

C18: Rete Trazzerale di Sicilia (1929). Pubblicata nella Rivista del Catasto e dei Servizi erariali nel 1941 e circolante sul web

C19: AKRAKAS cartina Allegata al libro di Adolfo Holm : Storia di Sicilia-Vol. I

C20: L' Isola di Sicilia divisa nelle sue valli. Calcografia camerale (1792) (Rome, Italy) - Autore: Ram, de Johannes 1648-1693

C21: Regni Siciliae et insulae Maltae et Gozae, cum circumjacentibus insulis (1690) Autore: Ram, de Johannes 1648-1693

C22: Central and south Italy: to accompany the handbooks for travellers (1858) Autore: Murray, John, 1808-1892

C23: Septima Europa tabula continet Sardininiam & Sicilia insulas Autore: Ptolemy, 2nd cent. Stampa Hol, Lienhart (1482)

C24: Septima Europa tabula Autore: Ptolemy, 2nd cent. Stampa Contributore: Silvani, Bernardo Stampa Venice : J. Pentius de Leucho (1511)

C25: South Italy (1860) Pubblicazione: Illustrated Times (London)

C26: Europe in the XIX. century (with the Third Military Survey)

C27: Carta Comparata della Sicilia Moderna - con la Sicilia del XII secolo - A.H Dufour Geografo e Michele Amari - Parigi 1859

C28: Siciliae antiquae tabula / Leopold Muller sculp Autore: Muller, Leopold. Graveur — Editore: Berolini — 1834 . Fonte della Carta: Biblioteque Nationale de France

C29: La Sicile Pour l'Histoire Romaine (1740)

C30: Cartografia dei Piani Paesaggistici della Regione consultabili online (per le trazzere e percorsi storici)

C31: Topografia Storica e Archeologica del TERRITORIO CAMARINESE allegato al volume [68] Biagio Pace - Camarina

C32: Carta dei Sentieri e delle Regie Trazzere (CSRT)

(C7) Sicily. Publisher: Robert Laurie & James Whittle – London (1799). Carta migliorata tratta dalla carta di Samuel von Schmettau del 1721

1.3 Carta Archeologica Multimediale di Sicilia (CAMS)

I risultati dello studio delle fonti bibliografiche e cartografiche sono stati messi a confronto con i ritrovamenti archeologici i cui siti sono catalogati e geolocalizzati all'interno della Carta Archeologica Multimediale di Sicilia. A tale scopo è stata infatti realizzata la Carta Archeologica Multimediale di Sicilia (CAMS) contenente al momento circa 4.000 siti archeologici.

Fino a qualche tempo fa, gli studiosi degli antichi cammini, per il confronto delle loro analisi, hanno utilizzato ritrovamenti archeologici che potessero aiutare a individuare parte dei percorsi antichi. Tali ricerche si sono spesso basate su carte archeologiche cartacee o digitalizzate, spesso limitate dalla piccola dimensione della carta fisica o dalla bassa risoluzione del documento digitalizzato. Il progetto "Antichi Cammini e Itinerari Storici di Sicilia" mira a superare questi limiti attraverso la realizzazione di una Carta Archeologica Multimediale di Sicilia, che ritengo sia la prima del suo genere.

Questa mappatura dettagliata del patrimonio archeologico di Sicilia, in cui ogni sito è descritto e georeferenziato, ha facilitato l'individuazione dei tracciati di molti degli antichi cammini e rappresenta, indipendentemente dal progetto a cui è associata, la prima Carta Archeologica Multimediale di Sicilia accessibile a tutta la collettività. Una delle numerose caratteristiche di questa carta è quella di essere parte integrante dell'Archivio Heritage, che comprende a sua volta un centinaio di archivi tematici e territoriali integrati tra loro, contenente i beni del Patrimonio Culturale Materiale e Immateriale di Sicilia e Malta, con circa 13.000 beni catalogati.

La CAMS pertanto eredita, dall'archivio Heritage, tutte le caratteristiche che sono tipiche del web 3.0:

- **Multimediale**: Schede contenenti testo, immagini, audio e video e quindi con la possibilità di inserire anche audio guide, video guide e ulteriori documenti multimediali di approfondimento

- **GeoWeb**: Informazioni su mappe interattive Google georeferenziate, Localizzazione ed individuazione del percorso per raggiungere il bene (laddove pertinente). Alcuni beni sono inoltre visibili su Street view, quindi con una visualizzazione a 360° del contesto in cui si trova il bene.

- **SocialWeb**: Schede interattive con la possibilità di inserire recensioni, esperienze. votazioni, commenti e condivisione sui vari social.

- **Multi tematico e Multi territoriale (Multiarchivio)**: L'archivio permette la visualizzazione su pagine web di singoli archivi tematici e/o territoriali (integrati tra di loro). Tramite l'assegnazione di nuove categorie e tag è possibile creare un numero illimitato di sotto archivi tematici e territoriali.

- **Ricerca Avanzata**: per parole chiave, frasi (full text), città, luoghi, posizioni o aree geografiche scelte dall'utente, posizione fisica dell'utente, categorie, sottocategorie e tag

- **WikiWeb:** possibilità di gestione autonoma delle schede a cura degli stessi autori o collaboratori

- **Multilingue**: è utilizzato il sistema innovativo di traduzione automatica neurale.

Ecco il link della Carta Archeologica Multimediale di Sicilia:

https://www.lasiciliainrete.it/archivio-patrimonio-archeologico-di-sicilia/

La realizzazione della carta archeologica multimediale, in realtà è già iniziata a partire dal 1995 all'interno del Progetto Heritage che vede la realizzazione dell'archivio multimediale Heritage contenente il Patrimonio Culturale Materiale e Immateriale di Sicilia e Malta.

Piccola nota sulle generazioni dell'Archivio Heritage

- **Prima Generazione (1995)**: Banca dati "Access" solo offline

- **Seconda Generazione (2004)**: Banca dati "Web Access" interrogabile online, solo testo

- **Terza Generazione (2010)**: Banca dati "Visuale" in Mysql, interrogabile online – testo e immagini

- **Quarta Generazione (2014)**: Banca Dati dedicata interrogabile Online integrato con Google Maps e con tecnologia web 3.0 (Georeferenziato, Responsive, Wiki, Ricerca avanzata)

- **Quinta Generazione (2020)**: Archivio "GeoSociale" online (Georeferenziato, Sociale, Multitematico, Territoriale, Ricerca Avanzata)

- **Sesta Generazione (202x?)**: Heritage 4.0 - Creazione di un Archivio semantico, che integra l'archivio esistente con l'Intelligenza Artificiale semantica. Questo permetterà un miglioramento nella ricerca delle informazioni e nella generazione automatica di Itinerari olistici. Sarà possibile interrogare l'Archivio Heritage utilizzando testo e voce, superando i limiti dei metadati attuali (categorie e hashtag). La fase di sperimentazione è in corso, con la previsione di pubblicare il primo prototipo entro il 2025.

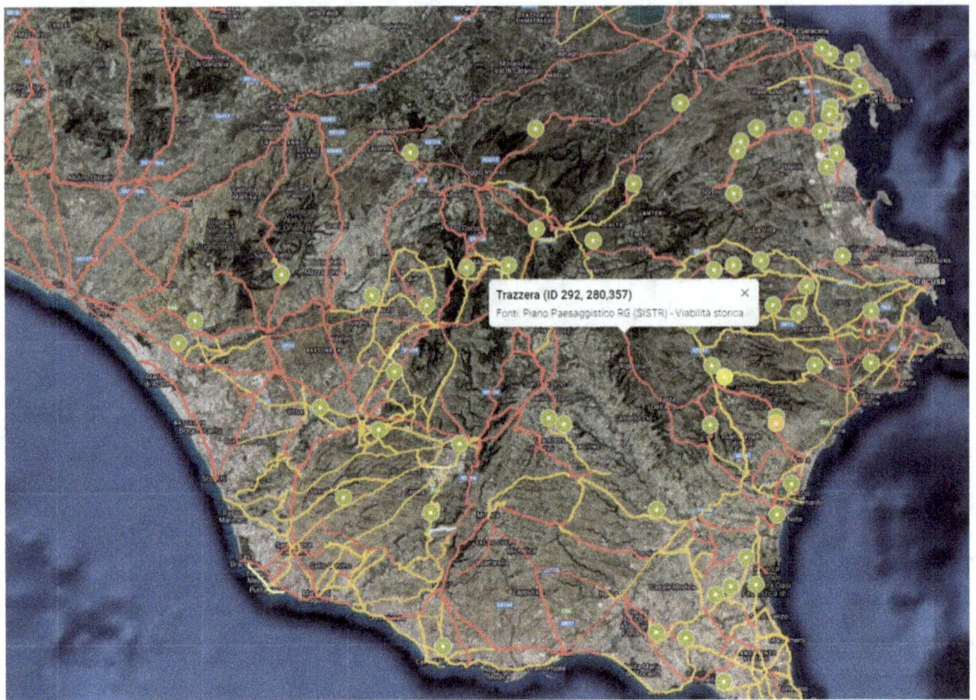

Un estratto raffigurante solo sentieri e trazzere

Come indicato precedentemente, oltre alle antiche mappe sono stati presi in considerazione anche i sentieri, le trazzere e le vie storiche, in particolare quelle raffigurate nella carta di Schmettau del 1721[9], nella Carta Generale dell'Isola di Sicilia del 1826[10], nella carta "Europe in the XIX Century" (with the Third Military Survey) [11] e nella Cartografia dei Piani Paesaggistici della Regione, tutti consultabili online. Per rappresentare queste informazioni in un unico strumento è stata ideata la "Carta dei Sentieri e delle Regie Trazzere di Sicilia" (CSRT), una carta multimediale ancora in fase di evoluzione.

---

[9] Nova et accurata Siciliae Regionum, Urbium, Castellorum, Pagorum Montium, Sylvarum, Planitierum, Viarum Situum ac Singularium quorumque locorum et rerum ad Geographiam Partinentium Descriptio Universalis – 1721 autore Schmettau, Samuel von

[10] Carta Generale dell'Isola di Sicilia – Officio Topografico 1826

[11] https://www.lasiciliainrete.it/europe-in-the-xix-century-with-the-third-military-survey/

estratto raffigurante anche le antiche vie storiche e i siti archeologici.

Il progetto complessivo è visualizzabile al seguente indirizzo web:

https://www.lasiciliainrete.it/carta-dei-sentieri-e-delle-regie-trazzere-di-sicilia/

1.5 Carta delle Vie e delle Trasversali Sicule, Greche e Romane

Al momento sono stati individuati ed è stato effettuato un primo tracciamento di massima, i seguenti cammini storici:

- I Via Valeria (tratto Messina – Palermo)
- II Via Pompeia (Messina – Siracusa)
- III Via Aurelia (Catania – Agrigento)
- IV Agrigento – Palermo
- V Selinuntina (Siracusa – Agrigento – Trapani)
- VI Maritima Loca (Siracusa – Agrigento)
- VII Catania – Enna – Termini Imerese
- VIII Alesa – Enna (tratto Alesa – Agira)
- IX Taormina – Termini Imerese (Tratto Taormina – Calabrò)
- X Via Valeria (tratto Palermo – Trapani – Lillibeo)

Inoltre, sono in fase di tracciamento ulteriori trasversali e vie che collegano le principali vie individuate

Ogni percorso individuato è stato suddiviso in tratti e ogni tratto è a sua volta costituito da **Luoghi di Riferimento (LR)** individuati sulla base di una serie di **Elementi di Riferimento (ER):**

- **Fonti Storiche (FS)**: Presenza di elementi su fonti storiche (bibliografia)
- **Carte Storiche (CS)**: Presenza di elementi su fonti storiche (cartografia)
- **Studi Precedenti (SP)**: Presenza di studi precedenti da parte di studiosi della viabilità antica
- **Siti Archeologici (SA)**: Presenza di siti archeologici che possono essere contestualizzati con il segmento oggetto dell'analisi
- **Trazzere Storiche (TS)**: Presenza di trazzere e altri percorsi storicizzati
- **Immagini Satellitari (IS)**: Presenza di elementi visibili dall'alto (ortofoto e/o immagini satellitari) che possono fornire tracce, anche indirette di percorsi

associabili ai percorsi storici

- **Percorsi Naturali (PN):** Presenza di percorsi naturali ed elementi geomorfologici che possono essere contestualizzati con il segmento oggetto dell'analisi

- **Toponomastica (TP):** Presenza di Toponimi che potrebbero fornire informazioni utili ad individuare antiche località, tipologia della zona e affinità con destinazione d'uso del luogo stesso individuato dal toponimo o altri elementi riconducibili ad eventi storici

Ogni percorso segue le seguenti fasi

- **Fase A (Percorso Base):** In questa fase iniziale, i percorsi vengono delineati come una prima bozza, suddivisi in tratti distinti, tenendo conto dei luoghi e degli elementi di riferimento. Il percorso base serve come partenza per un'analisi dettagliata dei singoli tratti che compongono l'intero percorso identificato.

- **Fase B (Percorso Avanzato):** Nella seconda fase, si avvia un processo di affinamento incrementale. Questo passaggio cerca di adattare le singole componenti del percorso il più fedelmente possibile ai percorsi storici e ai tracciati sul terreno. Nei casi in cui le antiche tracce si siano perse, si cerca di adattare il percorso agli itinerari attuali che più si avvicinano a quelli antichi. Questo processo di affinamento tiene parzialmente in considerazione anche la viabilità storica e le vie naturali.

- **Fase C (Percorso Consolidato):** Il progetto prevede un ulteriore affinamento incrementale che considera in modo più approfondito la viabilità storica e le vie naturali, integrando ulteriori studi e contributi provenienti dalla comunità scientifica e dagli studiosi del settore.

Inoltre, ogni fase è sottoposta a continue revisioni per tenere conto dei continui aggiustamenti

Si chiarisce che le fasi A e B possono essere considerate come "Studi Propedeutici per la ricostruzione su mappa interattiva degli antichi percorsi storici di Sicilia". Anche la fase C deve essere vista come dinamica e soggetta a continui miglioramenti, grazie ai contributi della comunità scientifica.

Sulla mappa interattiva, che riproduce un percorso, sono indicate le principali "stazioni" e i siti archeologici incontrati lungo il tragitto.

Una caratteristica essenziale della Carta delle Vie e delle Trasversali Sicule, Greche e Romane è che si tratta di un sistema "dinamico", in continuo aggiornamento online. Questo permette di apportare modifiche e miglioramenti ai singoli tratti dei percorsi storici qualora emergano nuove informazioni rilevanti.

1.6 Tutti i Percorsi in diretta

È stata realizzata una mappa interattiva che fa vedere tutti i percorsi del progetto.

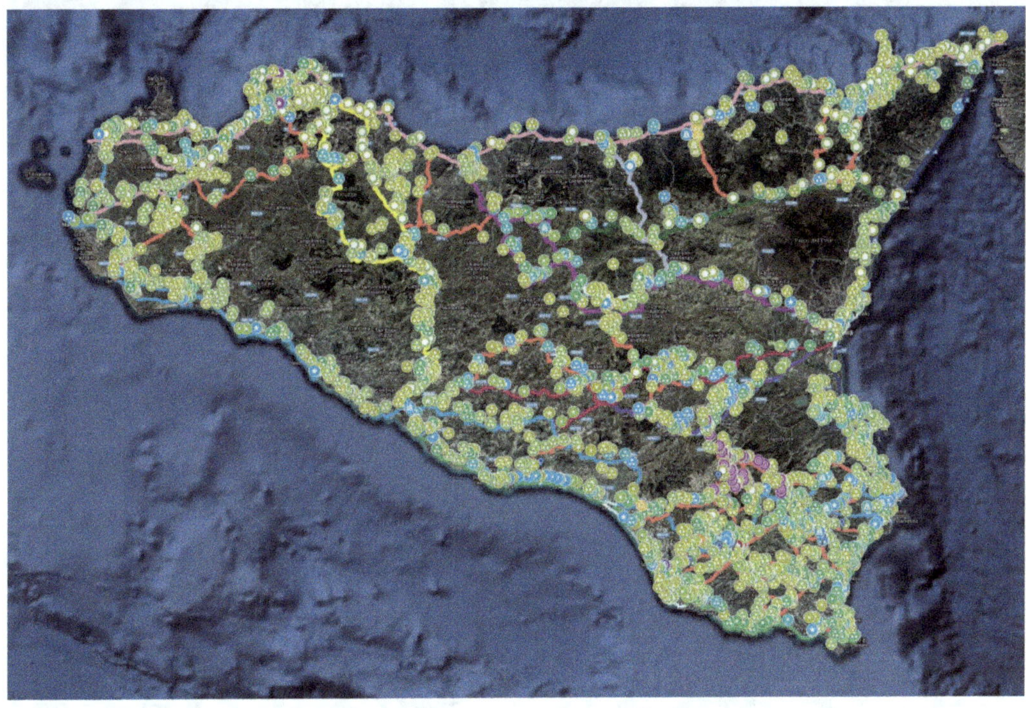

Visualizzazione satellitare della mappa

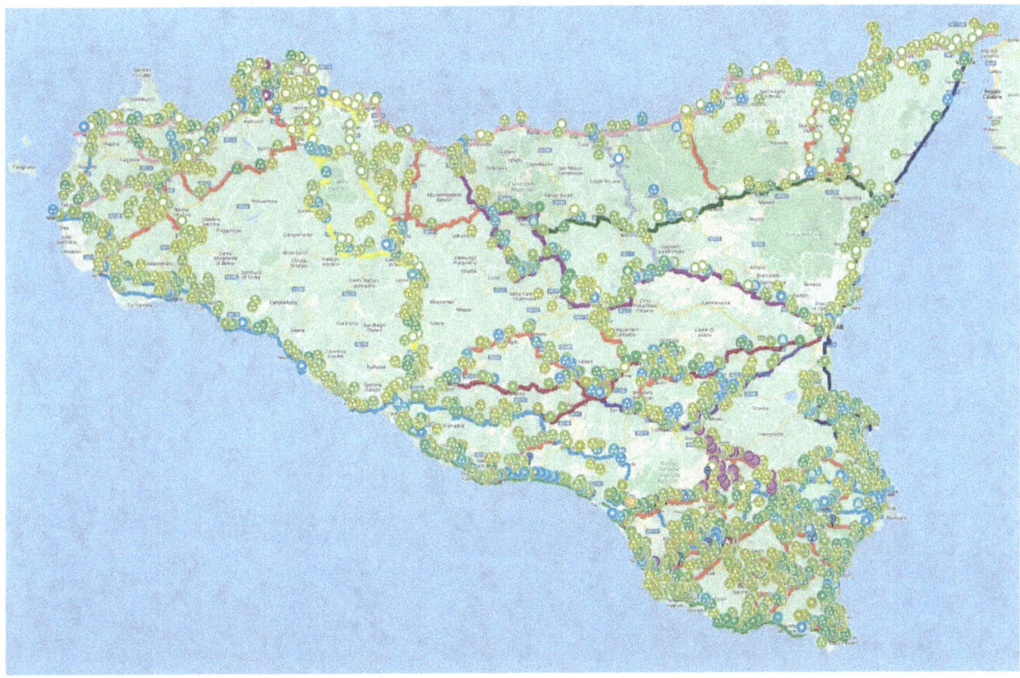

È possibile spostarsi sulla mappa e ingrandire singole aree.

Cliccando sugli oggetti visualizzati sulla mappa è possibile ottenere ulteriori informazioni

Una visione globale aggiornata del progetto in diretta e l'accesso a tutti i singoli cammini individuati è visualizzabile al seguente indirizzo web:

Antichi Cammini e Itinerari Storici di Sicilia: Il Progetto in diretta

https://www.lasiciliainrete.it/antichi-cammini-e-itinerari-storici-di-sicilia-tutti-i-percorsi-in-diretta/

2. Via Selinuntina

2.1 Il Percorso

Il percorso della via Selinuntina è stato studiato da diversi autori, tra questi spiccano Holm[12], Biagio Pace[13] e Giovanni Uggeri[14]. La via Selinuntina è così chiamata sulla base della iscrizione ritrovata ad **Akray** (Palazzolo Acreide) che parla di una porta per Selinunte. Esistente nel VII secolo a.C., usata da Siracusa per arrivare alle colonie di Akray e **Kasmenai** (Monte Casale), percorsa nel V secolo a.C. dall'esercito di Selinunte per raggiungere Siracusa[15], e nel IV dall'esercito di Dione che in tre giorni arrivò da Eraclea a Siracusa[16]. In epoca romana, la via che in epoca greca arrivava a Selinunte, fu estesa fino a **Trapani**.

Nelle figure seguenti, ho evidenziato in giallo le parti corrispondenti alla Via Selinuntina.

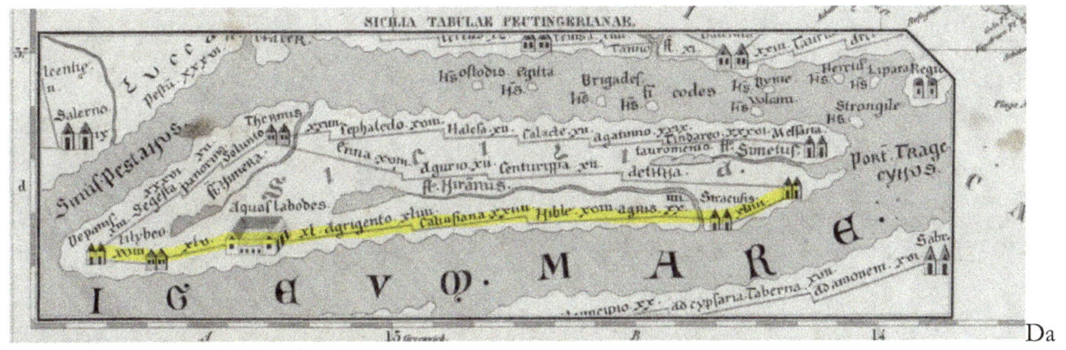

C28: Siciliae Antiquae Tabula (1834) (Sicilia Tabulae Peutingerianae) - estratto

---

[12] Adolfo Holm: Storia della Sicilia nell'Antichità Vol. III Cap IV

[13] Biagio Pace: Arte e Civiltà della Sicilia Antica Vol. 1 (1958) pag. 472 e 475)

[14] Giovanni Uggeri: si vedano i documenti (1), (3), (11), (15), (17) indicati in bibliografia

[15] Tucidide Lib VI.66, 101

[16] Giovanni Uggeri: La formazione del sistema stradale romano in Sicilia. Pag 229 nota 19.

Da

C29: La Sicile Pour l'Histoire Romaine (1740) – estratto

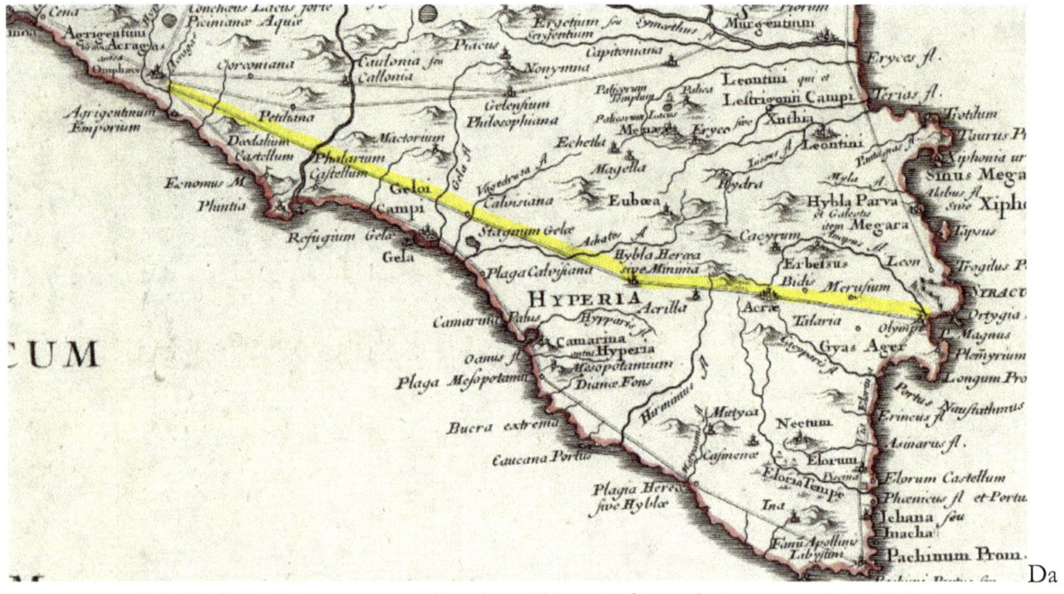

Da

C12: Siciliae Antiquae quae et Sicania et Trinacria dicta tabula geographica (1714)

Una prima ricostruzione che si riferisce alla Tabula Peutingeriana, l'Itinerarium Antonini e alle indicazioni di Biaggio Pace è la seguente:

- **Siracusa**
- **Palazzolo Acreide (Agris, Akray, Acre)**
- **Ragusa (Hyble, Hybla Herea [sive Minima]**
- **Calvisiana**
- **Agrigento**
- **Cena**
- **Allava**
- **Sciacca (Acqua Labodes)**
- **Fiume Lanaricum**
- **Mazara**
- **Lilybeum (Marsala)**
- **Trapani (Drepanum)**

Vediamo la ricostruzione di ciò che è attualmente esposto sulla pagina web dedicata alla Via Selinuntina, al momento della redazione di questo documento. Per i dettagli e gli aggiornamenti in tempo reale rimando alla pagina raggiungibile al seguente indirizzo web:

https://www.lasiciliainrete.it/antichi-cammini-e-itinerari-storici-di-sicilia-siracusa-agrigento/

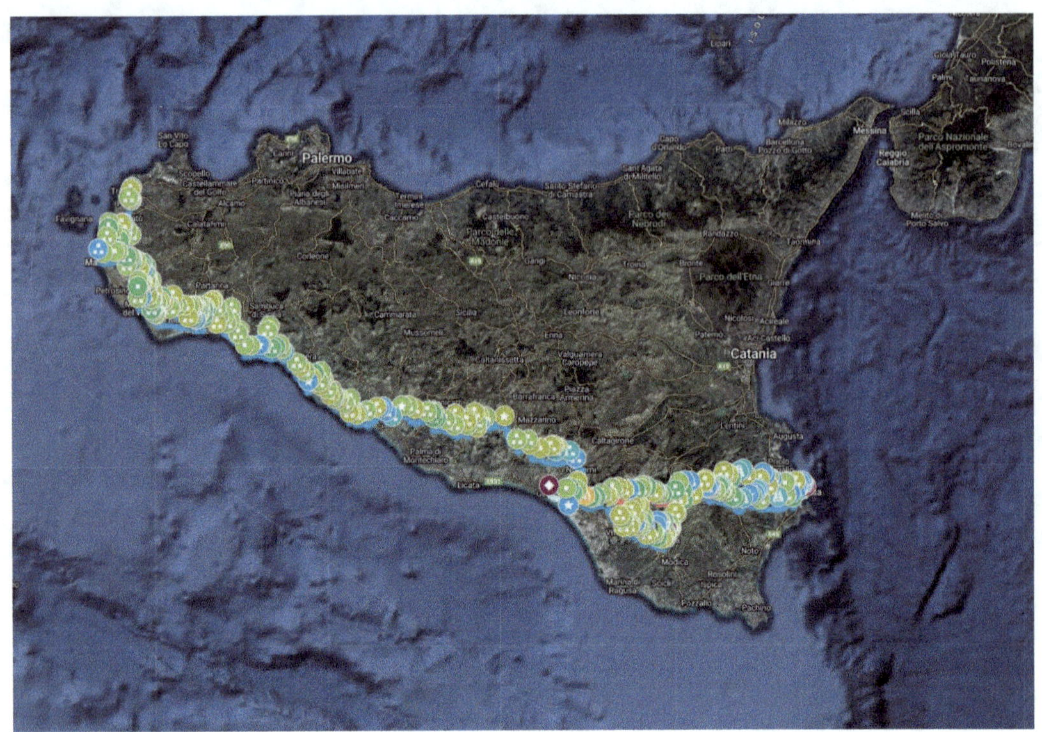

Una visione di insieme.

Percorso dettagliato

Ogni tratto, sottotratto e variante è costituito da una sequenza di luoghi di riferimento (LR) individuati sulla base di diversi elementi di riferimento (ER) indicati nel capitolo "Obiettivi e note metodologiche". Per ogni luogo sono indicati i riferimenti bibliografici e la cartografia di supporto.

Per motivi di sintesi ed evitare continue ripetizioni, la bibliografia e la cartografia sono riportati sotto forma di numeri e sigle, rimandando per descrizione dettagliata, alla bibliografia e cartografia indicata, alla fine del presente volume.

Con il termine **CAMS** si vuole intendere la presenza di un sito archeologico presente nella **C**arta **A**rcheologica **M**ultimediale di **S**icilia.

Con il termine **CSRT** si vuole intendere la presenza di sentiero, trazzera o via storica presente nella **C**arta dei **S**entieri e delle **R**egie **T**razzere.

Con il termine **SISTR** si vuole intendere la presenza di sentiero, trazzera o via storica presente nel Sistema Informativo Territoriale Regionale della Regione Sicilia contenente i Piani Paesaggistici approvati.

Nella descrizione dei singoli tratti inserirò, di volta in volta, un elenco sintetico dei siti archeologici individuati nelle immediate vicinanze del tratto analizzati, rimandando, per i dettagli, alle schede catalogate all'interno della CAMS.

Per una visione di insieme dei siti archeologici è sempre possibile fare riferimento alle mappe interattive raggiungibili al seguente indirizzo:

https://www.lasiciliainrete.it/archivio-patrimonio-archeologico-di-sicilia/

Il percorso preso in considerazione copre un lunghissimo arco temporale, in quanto i greci e i romani ripresero, in linea di massima, parti di antichi percorsi risalenti ai sicani e siculi. Inoltre, tali percorsi, soprattutto in epoca romana, subirono via via modifiche legate alla perdita di interesse di vie che collegavano precedentemente città distrutte o abbandonate o che si riferivano a nuovi percorsi legati a nuove città o luoghi ritenuti di maggiore importanza.

Nella pagina web dedicata è sempre possibile visualizzare il dettaglio della mappa, inoltre, cliccando sugli oggetti visualizzati è possibile individuare il nome del bene archeologico (o altri beni) posti nei pressi del percorso.

Casa Mastro (Calvisiana?)
"Insediamento di eta' romano imperiale (II sec. d. C.), forse la Statio Calvisiana; necropoli con ipogei e sarcofagi monolitici cristiano-bizantini; frammenti ceramici di eta' araba."
rinvenuti bolli laterizi CAL/CALVI e SIRE, che fanno ipotizzare che sia la "Mansio Calvisana"
Bunker WW2
US 82nd Airborne Division Monument
Gelso

Foro Siracusano
All'interno del giardino pubblico del Corso Umberto I, ad est di piazzale Marconi, si trovano i resti del Foro Siracusano. Nelle Verrine Cicerone descrive il sito elencando la grandiosità delle costruzioni: il pritaneo, il bouleuterion e il tempio dedicato a Zeus da Ierone, oggi rimangono solo tratti dell'antica pavimentazione e alcune delle colonne dell'agorà.
Catacombe di San Giovanni
Museo Archeologico Regionale Paolo Orsi
Zen & Jonico a rutta e ciauli
Teatro Greco
Parco Archeologico Neapolis
Siracusa
Anfiteatro Romano
Cimitero Comunale
Area Sosta Camper IppoCamper
MediaWorld Siracusa
Centro Commerciale Archimede
Azienda Siciliana Trasporti SpA
McDonald's
Maxistore Decò Gruppo Arena
Bar Pasticceria Midolo
Area M
Caseificio Borderi
Parking Talete
Parcheggio Molo Sant'Antonio
Lidl
Tempio di A
Hotel Gutkowski
Mercati Generali SIRACUSA
Museo Archimede Leonardo - ex...
Unieuro Siracusa
Fontana di Diana
Autofficina Pistritto
Scoglio dei Cani
Garden Elorina
Cattedrale metropolitana della Natività di Maria
La Bottega dell'usato
Fonte Aretusa
Spiaggia di Cala Rossa
Dafne Ristorante Pizzeria
Maniace Bistrò
Castello Maniace

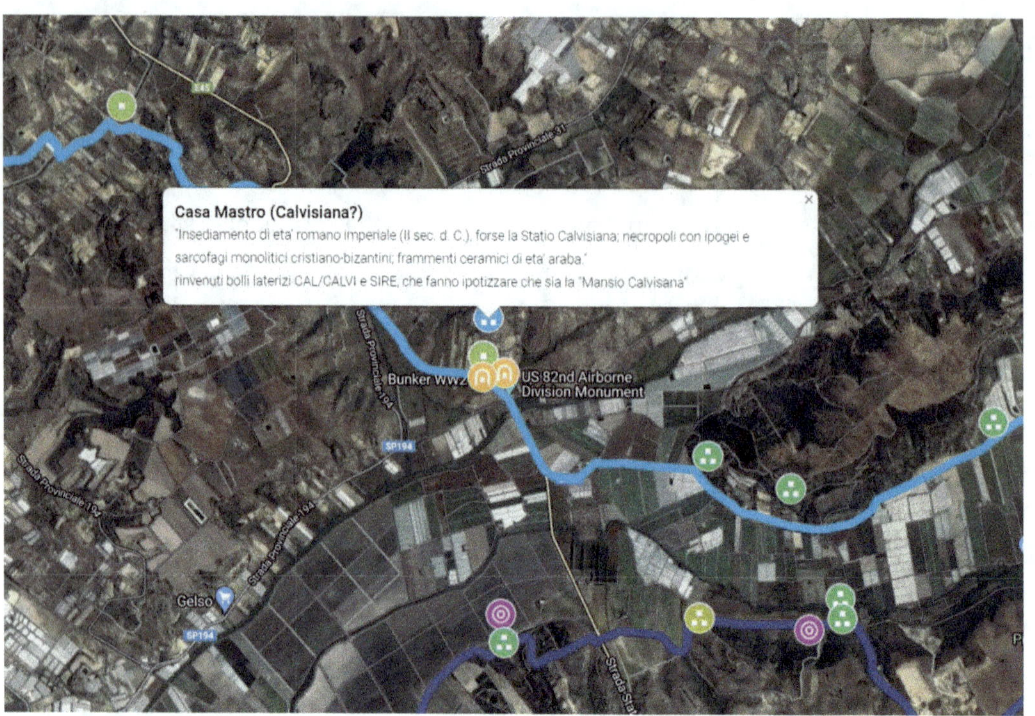

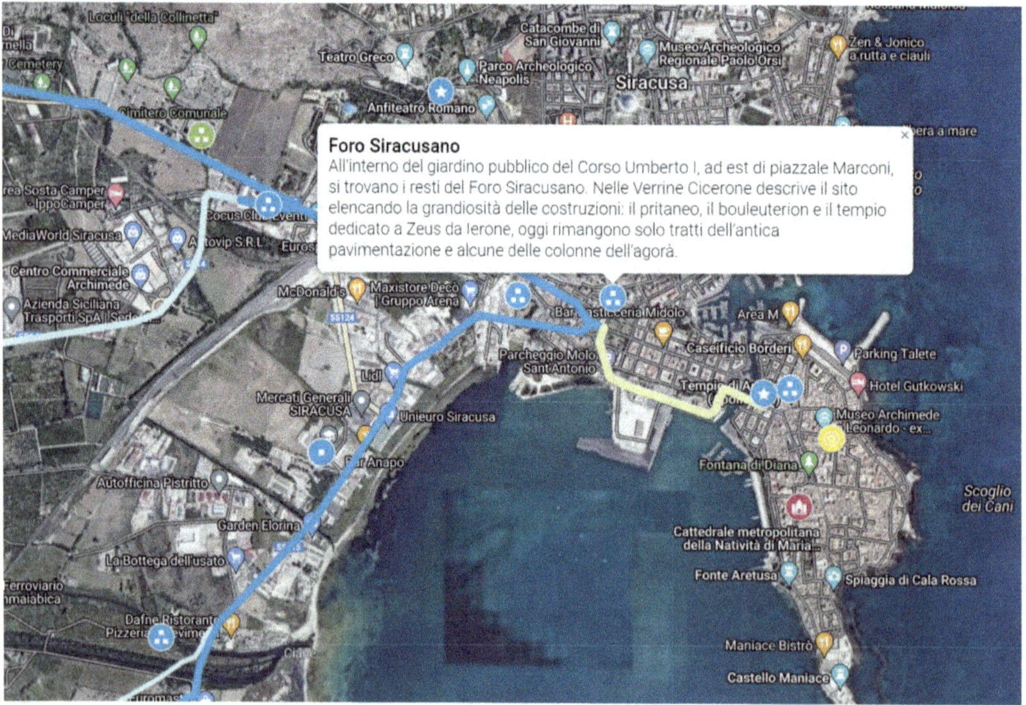

Estratto

Sintesi dei tratti, dei sotto tratti e delle varianti

- Tratto V1 (Siracusa - Palazzolo Acreide)
    - o Variante V1.a (Siracusa - Canicattini Bagni – Palazzolo Acreide)
    - o Variante V1.b (Siracusa - Floridia - Palazzolo Acreide)
- Tratto V2 (Palazzolo Acreide – Giarratana)
- Tratto V3 (Giarratana - Ibla)
- Tratto V4 (Ibla - Comiso)
    - o Variante V4.a (Ibla – Scassale - Comiso)
    - o Variante V4.b (Ibla – Cisternazzi - Comiso)
- Tratto V5 (Comiso - Acate)
- Tratto V6 (Acate - Niscemi)
- Tratto V7 (Niscemi - Butera)
- Tratto V8 (Butera – Riesi - Ravanusa)
- Tratto V9 (Ravanusa - Agrigento)
- Tratto V10 (Agrigento – Montallegro)
- Tratto V11 (Montallegro - Sciacca)
- Tratto V12 (Sciacca – Mazara del Vallo)
- Tratto V13 (Mazara del Vallo - Marsala)
- Tratto V14 (Marsala – Trapani)

Trasversali e ulteriori vie di collegamento che potrebbero essere anche indirettamente collegate alla via Selinuntina

- Trasversale T1: Floridia – Canicattini Bagni
- Trasversale T2: Giarratana - Gulfi - Acate
- Trasversale T3: Chiaramonte Gulfi - Comiso (B. Pace 3.477, 3.193)

Cartografia utilizzata.

- CAMS: Carta Archeologica Multimediale di Sicilia
- C4: Nova et accurata Siciliae... – 1721 – Samuel Schmettau
- C7: Sicily. (1799) (sempre riferibile alla carta di Schmettau)
- C12: Siciliae Antiquae quae et Sicania et Trinacria dicta tabula geographic – 1714). Publisher: L'Isle, Guillaume de, 1675-1726
- C15A: Carta Generale dell'Isola di Sicilia – Officio Topografico 1826 (Sud-Est)
- C17: Siracusa ai tempi di Gelone e Gelone I. Adolfo Holm Storia di Sicilia-Vol. I
- C26: Europe in the XIX. century (with the Third Military Survey)
- C27: Carta Comparata della Sicilia Moderna – con la Sicilia del XII secolo secondo Edrisi (1859) di A.H Dufour e Michele Amari
- C28: Siciliae Antiquae Tabula (1834) (Sicilia Tabulae Peutingerianae)
- C29: La Sicile Pour l'Histoire Romaine (1740) (Itinerarium Antonini)
- C30: Cartografia dei Piani Paesaggistici della Regione consultabili online (per le trazzere e percorsi storici)
- C31: Topografia Storica e Archeologica del TERRITORIO CAMARINESE allegato al volume [68] Biagio Pace – Camarina
- CSRT: Carta dei Sentieri e delle Regie Trazzere

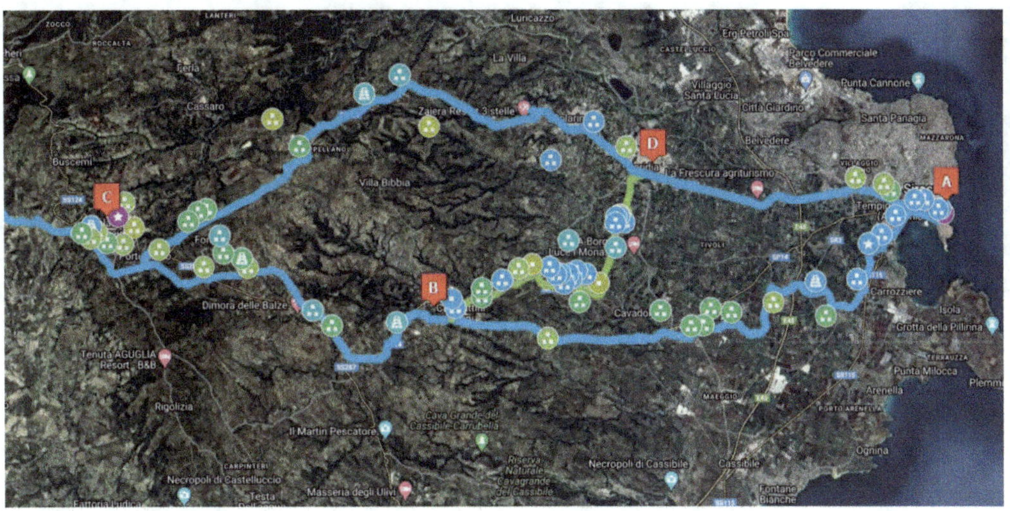

Questo tratto parte da Siracusa (Foro Siracusano) fino a Palazzolo Acreide

Il Tratto V1 è composto dalle seguenti varianti e trasversali:

- Variante V1.a: Siracusa - Canicattini Bagni – Palazzolo Acreide (Tratto A-B-C)

- Variante V1.b: Siracusa - Floridia – Solarino - Palazzolo Acreide (Tratto A-D-C)

- Trasversale T1: Floridia – Canicattini Bagni (Tratto D-B)

La trasversale T1 potrebbe in qualche modo costituire una ulteriore variante V1.c (Siracusa - Floridia - Canicattini Bagni - Palazzolo Acreide) (Tratto A-D-B-C) compatibile in parte con il tracciato viario del 1826.

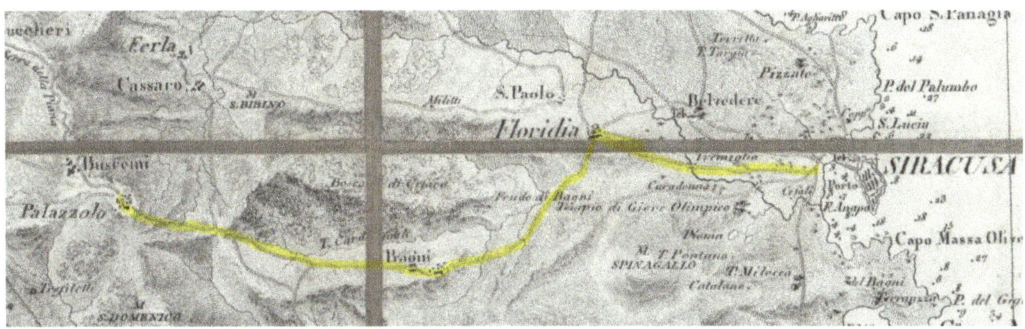

Particolare dalla Carta C15A: "Carta Generale dell'Isola di Sicilia – Sud-Est (1826)"

Variante V1.a – (Siracusa - Canicattini Bagni – Palazzolo Acreide)

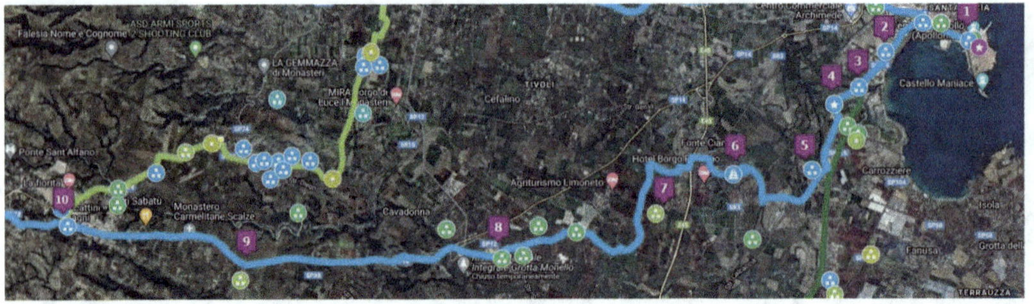

- **Siracusa** CAMS) (C4-C7 - Schmettau) (C12) (C26) (C27) (C28) (C29) (C30) (C15A) (CSRT) (3.475 B. Pace)

- V1.a.1: (Porta Urbica) (C4-C7 - Schmettau) (C15A) (CSRT)

- V1.a.2: Palude Lisimelia (Pantanelli) (36 - Fazello) (C4-C7 - Schmettau), (CSRT) Nota V1.a.2

- V1.a.3: Contrada Pantanelli (3.477 B. Pace) (36 - Fazello) (C30) (C26) (C17) (CSRT) (CAMS)

- V1.a.4: Tempio di Zeus (CAMS) (3.477 B. Pace) (C30) (C26) (C12) (C29) (CSRT)

- V1.a.5: Rinaura (CAMS) (C30) (C26) (CSRT)

- V1.a.6: Cozzo Pantano (3.477 B. Pace) (CAMS)

- V1.a.7: Contrada Lancarossa (CAMS) (C26) (C30) (CSRT)

- V1.a.8: Masseria Grotta Perciata (CAMS)

- V1.a.9: Cozzo Guardiole (CAMS) (C26) (C30) (CSRT)

- V1.a.10: Canicattini Bagni (CAMS) (3.477 B. Pace) (C26) (C27) (C30) (C15A) (CSRT)

- V1.a.11: Ciaramiro (CAMS) (C26) (C30) (CSRT)

- V1.a.12: VAb.3: Passoladro (CAMS) (C26) (C30) (CSRT)

- V1.a.13: Cava Cinque Porte (pressi) (CAMS)

- V1.a.14: Cava Pantalica (CAMS)

- V1.a.15: Contrada Saraceni (CAMS)

- V1.a.16: Contrada Porticaletto (CAMS)

- V1.a.17: Colle Pinita - Torre Judica (CAMS)

- **Palazzolo Acreide** (CAMS) (C4-C7 - Schmettau) (C12) (C26) (C27) (C28) (C29) (C30) (C15A) (CSRT) (3.475 B. Pace)

Nota V1.a.2: Da [36] Tommaso Fazello – Storia di Sicilia Volume I. Palermo
"In Napoli erano due porte, che non erano punto inferiori di quell'altre due, ch'eran tanto celebrate in Siracusa, et eran chiamate grecamente Menetide, dette cosi dalla fortezza, e gagliardia della fabrica, et eran volte verso il fiume Anapo, si come dice Plutarco nella vita di Dione. Fuor di queste porte era una palude, chiamata da Tucidide Lisimelia, e hoggi dal vulgo e detta Pantanella, da' vapori della quale era corrotta l'aria di tutta la citta di Siracusa e assimamente da quella parte, dove ella era, e di questo, oltre all'autorita di Seneca, che lo scrive a Martia nel libro della consolatione, ce ne fa fede l'esperienza cotidiana. Da qui per fino al fiume Anapo e Olimpico, era una strada larga tutta lastricata, la quale e stata ritrovata, e scoperta al mio tempo. Le cui pietre essendosi cavate, se n'e fatto quel puntone, e cavaliere, ch'e stato fatto sopra la porta, per difesa della citta."

Il percorso suddiviso in sei tratti distinti.

Tratto 1: SELINUNTINA V1.b/1 [6,32 km]

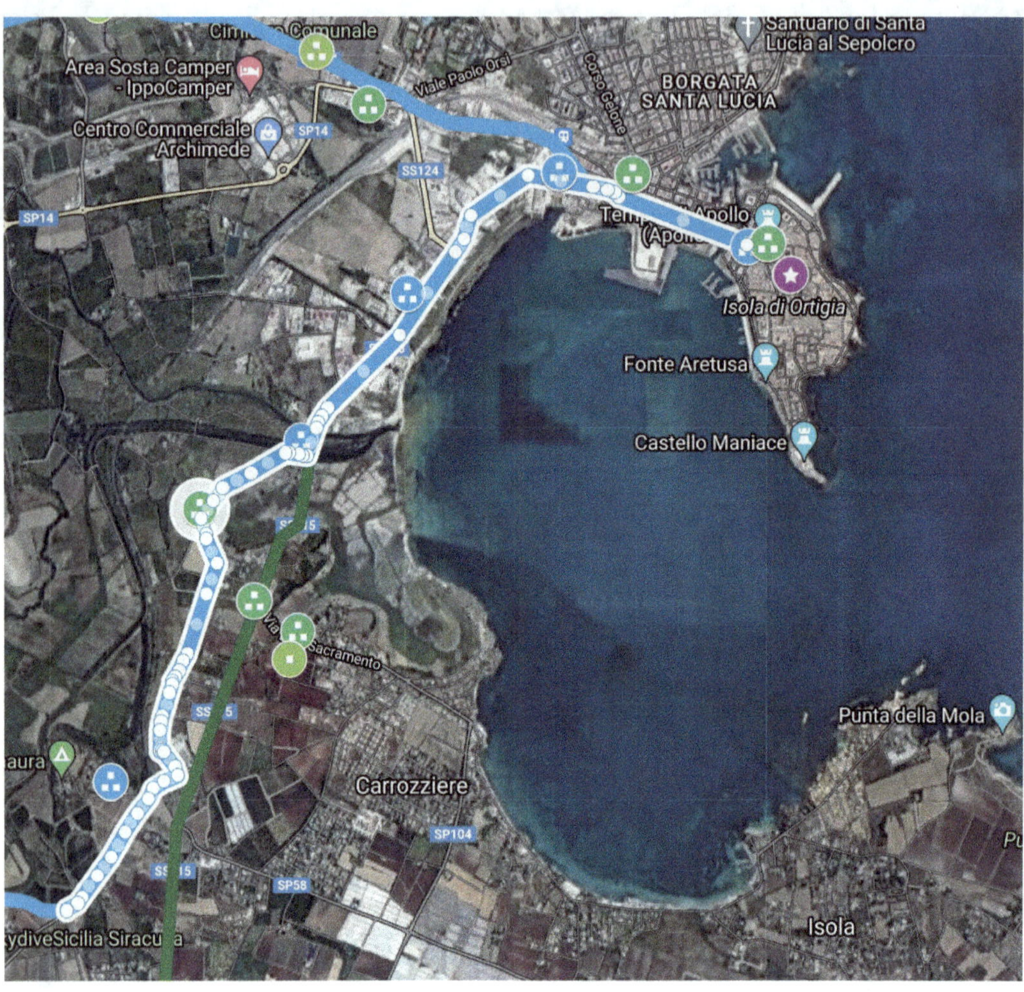

Il tracciato Siracusa - Ponte Grande - C.da Coppo Sgandarro è presente nella viabilità storica e coincide con il tracciato ancora presente nel XIX secolo (C26).

Questo percorso è stato da me ricostruito al fine di prendere in considerazione la strada romana di Cozzo Pantano riconducibile alla via Selinuntina.

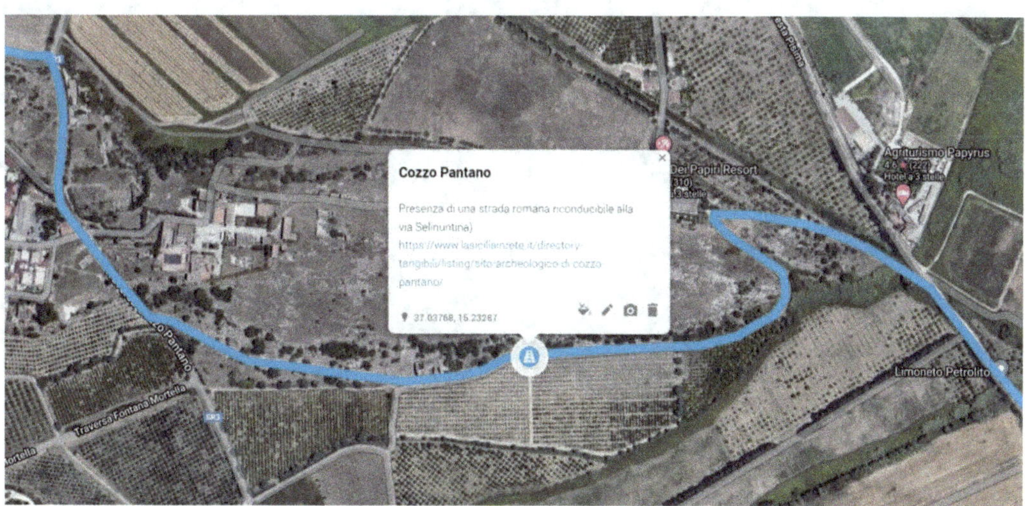

Tratto 3: SELINUNTINA V1.b/3 - [24,9 km]

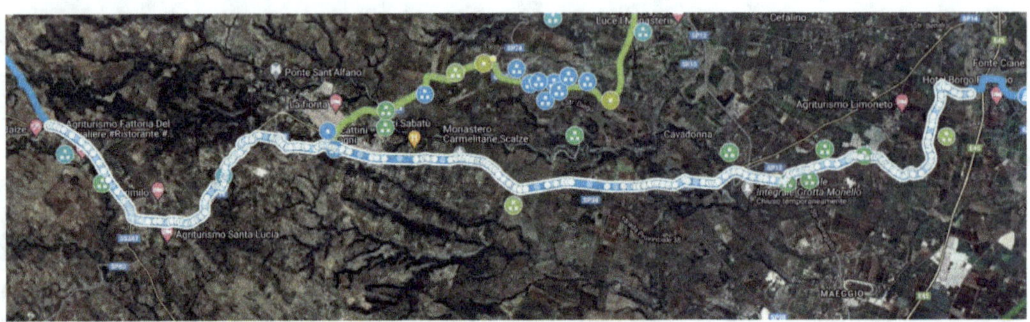

Il tracciato Cda Abelardo - Canicattini Bagni - Cugno Gallera - Contrada Inorta è presente nella viabilità storica e coincide con il tracciato ancora presente nel XIX secolo (C26)

Tratto 4: SELINUNTINA V1.b/4 [5,16 km]

Il sentiero selezionato è presente nella viabilità storica e coincide con il tracciato ancora presente nel XIX secolo (C26)

Tratto 5: SELINUNTINA V1.b/5 [6,24 km]

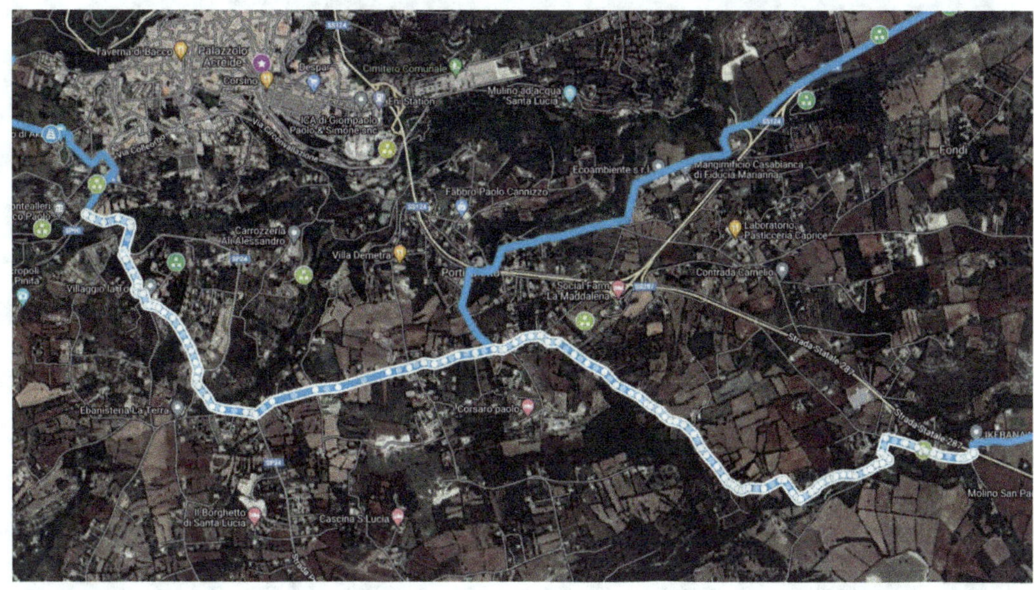

Il tratto Montalieri - Cda Adifacca - Cda Abelardo è presente nella viabilità storica e coincide con il tracciato ancora presente nel XIX secolo (C26)

Questo percorso è stato da me ricostruito al fine di prendere in considerazione il tratto romano individuato a Palazzolo Acreide

Siti archeologici individuati (tratto A-B): Siracusa – Canicattini Bagni

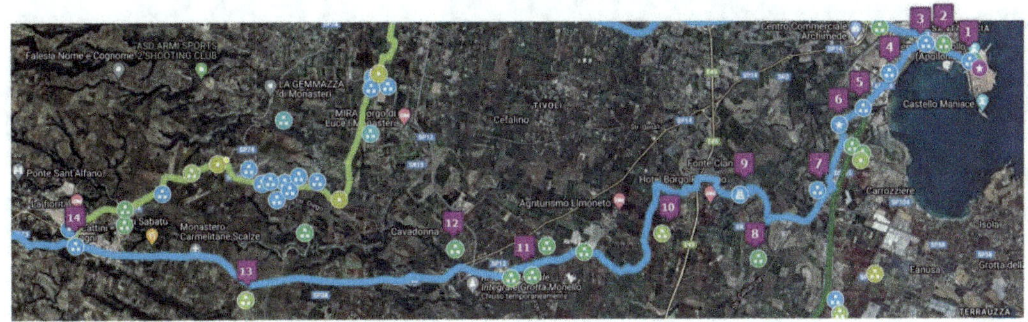

Elenco sintetico dei principali siti archeologici individuati nelle immediate vicinanze del percorso (per i dettagli e la geolocalizzazione dei singoli siti, si rimanda alle schede catalogate all'interno della banca dati CAMS).

1) Porta Urbica

 Resti dell'antica porta urbica, fatta erigere da Dionigi il Grande

2) Foro Siracusano

All'interno del giardino pubblico del Corso Umberto I, ad est di piazzale Marconi, si trovano i resti del Foro Siracusano. Dell'antico tempio descritto nelle Verrine di Cicerone, oggi rimangono solo tratti dell'antica pavimentazione e alcune delle colonne dell'agorà.

3) Ginnasio Romano

Via Elorina (SS 115 per Cassibile) vicino alla Marina Militare. I resti del Ginnasio Romano risalgono al I secolo d.C.

4) Palude Lisimelia

Si veda nota V1.a.2 già riportata:

Da [36] Tommaso Fazello – Storia di Sicilia Volume I. Palermo
'In Napoli erano due porte, che non erano punto inferiori di quell'altre due, ch'eran tanto celebrate in Siracusa, et eran chiamate grecamente Menetide, dette cosi dalla fortezza, e gagliardia della fabrica, et eran volte verso il fiume Anapo, si come dice Plutarco nella vita di Dione. Fuor di queste porte era una palude, chiamata da Tucidide Lisimelia, e hoggi dal vulgo e detta Pantanella, da' vapori della quale era corrotta l'aria di tutta la citta di Siracusa e assimamente da quella parte, dove ella era, e di questo, oltre all'autorita di Seneca, che lo scrive a Martia nel libro della consolatione, ce ne fa fede l'esperienza cotidiana. Da qui per fino al fiume Anapo e Olimpico, era una strada larga tutta lastricata, la quale e stata ritrovata, e scoperta al mio tempo. Le cui pietre essendosi cavate, se n'e fatto quel puntone, e cavaliere, ch'e stato fatto sopra la porta, per difesa della citta."

5) Fiume Ciane - Contrada Pantanelli

Tracce di abitato – greco-romano

6) Tempio di Zeus Olimpio

In Via Elorina – SS 115, a 3 km da Siracusa, in direzione Sud si trovano i resti del Zeus Olimpio (primi decenni del VI secolo a. C.).

7) Necropoli di Rinaura

Necropoli con tombe a pozzetto e camera ipogeica. Necropoli ellenistica con piccoli ambienti a camera con ingresso a pozzetto.

8) Canale Mammaiabica – Case Tiralongo

Resti di un grande edificio di età greca; ampia platea di blocchi squadrati posta sul letto del canale.

9) Cozzo Pantano

Necropoli di età preistorica e carraia riconducibile alla via Selinuntina.

10) Contrada Lancarossa

Frammenti fittili età romana. Località ad ovest di Laganelli fra il vallone Cavadonna ed il vallone Fontana Mortilla.

11) Masseria Grotta Perciata

Diverse aree indicate con Grotta Perciata 1, 2, 3, e 4. Latomie di età greca; necropoli di età tarda e resti di abitato tardo romano con tracce di carraie.

12) Grotta della Chiusazza

La Grotta è anche un sito di interesse geologico. Comprende un quadro completo della preistoria siciliana:

- Neolitico superiore: Stile Diana- Masseria Bellavista;
- Eneolitico Iniziale; ceramica dipinta dello stile del Conzo;
- Eneolitico Medio: ceramica dello stile di Serraferlicchio);
- Eneolitico Superiore: ceramica stile Chiusazza Malpasso;
- Bronzo antico: ceramica dello stile di Castelluccio;
- Bronzo medio: ceramica dello stile di Tahapsos;
- Bronzo tardo: ceramica dello stile di Cassibile;
- Età storica: ceramiche e statuine fittili di età greca-romana.

13) Cozzo Guardiole

Vasto complesso di ruderi relativi a un abitato rurale di cui rimangono i ruderi di una chiesa. Sulla sommità del cozzo un gruppo di quattro catacombe.

14) Canicattini Bagni

Insediamento rupestre. Età Ellenistico – Romana.

Siti archeologici individuati (Tratto B-C): Canicattini Bagni – Palazzolo Acreide

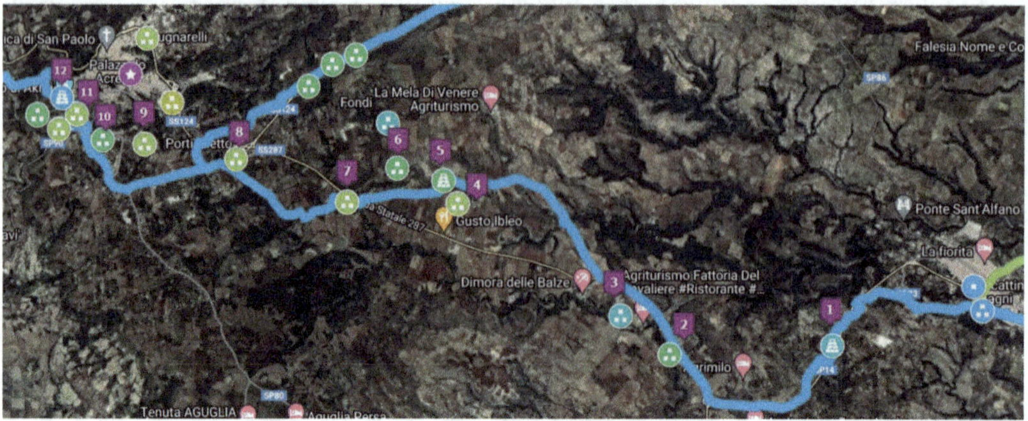

Elenco sintetico dei principali siti archeologici individuati nelle immediate vicinanze del percorso (per i dettagli e la geolocalizzazione dei singoli siti, si rimanda alle schede catalogate all'interno della banca dati CAMS).

1) Necropoli bizantina di Ciaramiro

Identificati arcosoli bizantini, varie tracce di carraie, e pozzi contenenti cocciopesto (probabilmente cisterne o pavimenti) datati al periodo bizantino; inoltre, è presente una vasta cisterna rettangolare.

2) Necropoli di Passoladro

Necropoli di epoca bizantina.

3) Mosaico di età romano-imperiale di Cava Cinque Porte

Mosaico di periodo romano accompagnato da frammenti superficiali nel suolo circostante, probabilmente parte di un grande edificio, forse un complesso termale.

4) Necropoli di Pianette

Necropoli greca del IV sec. a.C.

5) Necropoli preistorica e strada antica di Cava Pantalica

Modesta necropoli preistorica con sepolture a forno artificiali e segmenti di un'antica carraia.

6) Resti in località Famolio

coperte di sepolture preistoriche, greche e ipogei e tombe bizantine.

7) Ipogei e necropoli di Contrada Saraceni

Necropoli e ipogei di epoca bizantina.

8) Necropoli di Contrada Porticaletto

Tombe a grotticella artificiale.

9) Sito archeologico di Rifacca

Tombe preistoriche, grotticelle bizantine, tombe scavate nel terreno e resti di una struttura ellenistica.

10) Necropoli di Colle Pinita – Torre Judica

Resti della grande necropoli arcaica di Akrai. Ancora integra la strada che portava alla necropoli, inglobata in una Regia Trazzera di età borbonica

11) Santoni; Templi Ferali

Templi ferali e ipogei. Nicchie votive per il culto degli eroi scolpite nelle pareti di una cava, piccoli sacelli a frontone, e resti di una via con tracce di carraia e tombe.

12) Serra Palazzo (Citta greco-romana di Akrai)

Citta greco-romana di Akrai. La pianta topografica mostra una forma pentagonale e include resti architettonici delle diverse ere storiche della città, inclusi il teatro, le fondamenta di un tempio del IV sec. a.C., l'impianto stradale del periodo tardo ellenistico e le mura difensive.

Variante V1.b (Siracusa - Floridia – Solarino - Palazzolo Acreide)

- **Siracusa** CAMS) (C4-C7 - Schmettau) (C12) (C26) (C27) (C28) (C29) (C30)

  V1.b.1: (Porta Urbica) (C4-C7 - Schmettau)

- V1.b.2: Fusco – Regina (CAMS) (C26) (C27) (C30) (CSRT)

- V1.b.3: Contrada Canalicchio (CAMS) (C26) (C30) (CSRT)

- V1.b.4: Floridia (3.477 B. Pace) (CAMS) (C4-C7 - Schmettau) (C26) (C27) (C30) (C15A) (CSRT)

- V1.b.5: Cozzo Collura (CAMS) (C26) (C30) (CSRT)

- V1.b.6: Solarino (C26) (C30) (CSRT)

- V1.b.7: Contrada Campocasa (CAMS) (C26) (C30) (CSRT)

- V1.b.8: Contrada Colle Orbo (CAMS) (C26) (C30) (CSRT)

- V1.b.9: Cugno Quercia (CAMS) (C26) (C30) (CSRT)

- V1.b.10: Contrada Fondi Nuovi (CAMS) (C26) (C30) (CSRT)

- V1.b.11: Contrada Porticaletto (CAMS) (V1.a)

- V1.b.12: Colle Pinita - Torre Judica (CAMS) (V1.a)

- **Palazzolo Acreide** (CAMS) (C4-C7 - Schmettau) (C12) (C26) (C27) (C28) (C29) (C30) (C15A) (CSRT) (3.475 B. Pace)

Il percorso, suddiviso in un unico tratto di 39,3 km, è presente nella viabilità storica e coincide con il tracciato ancora presente nel XIX secolo (C26)

Siti archeologici individuati durante il percorso V1.b: Siracusa - Floridia – Solarino - Palazzolo Acreide (Tratto A-D-C)

Elenco sintetico dei principali siti archeologici individuati nelle immediate vicinanze del percorso (per i dettagli e la geolocalizzazione dei singoli siti, si rimanda alle schede catalogate all'interno della CAMS).

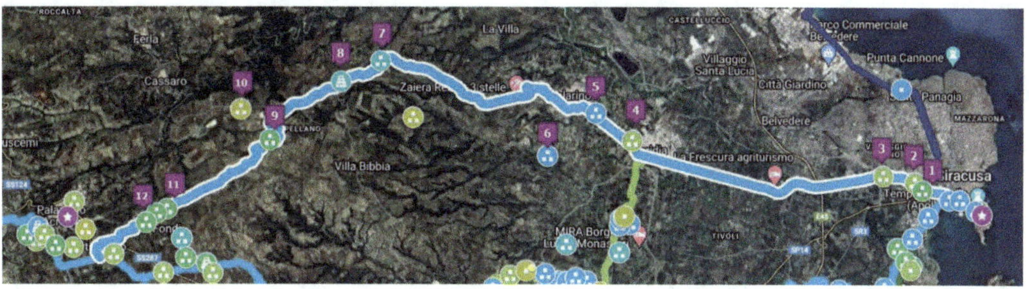

1) Necropoli arcaica di Siracusa: Fusco – Regina

Questa zona ospita una delle necropoli arcaiche di Siracusa, con la fase più antica situata nella contrada Regina e fasi successive più vicine all'odierno cimitero. Include le contrade Regina, Fusco, Tor di Conte, Trappeto di S. Nicola e Canalicchio.

2) Prossimità del cimitero

Sezione delle mura dionigiane.

3) Contrada Canalicchio

Ipogei noti come "La Galera", scavati nella roccia, con otto aperture rettangolari nella volta.

4) Santuzzo (Vignalunga)

Scoperta di una tomba a cassa del IV secolo a.C.

5) Cozzo Collura

Vicino al "pozzo di S. Paolo", sono stati scoperti i resti di una chiesa post-medievale, inclusi i muri perimetrali e due livelli di pavimentazione sovrapposti. Sotto questi, una tomba ad inumazione probabilmente tardomedievale, diverse tombe a fossa campanata, e un'area con frammenti ceramici romani, tra cui terra sigillata di varie epoche. Paolo Orsi condusse qui una breve campagna di scavi, rivelando un'area cimiteriale con tombe a campana risalenti all'età di Costantino, identificate grazie a monete dell'imperatore trovate nelle tombe. In strati successivi sono stati trovati frammenti di ceramica a vernice nera e una testina di terracotta di Demetra o Kore, datati tra il IV e il III secolo a.C.

6) Cava Spampinato – Culatrelli

Insediamento rupestre. Qui gli ateniesi guidati da Nicia tentarono di forzare il passaggio verso l'interno. J. Houël nel suo "Voyage pittoresque des isles de Sicile, de Malta et de Lipari" (1782-1787) menziona che poco prima della sua visita, dopo un incendio che aveva rimosso la vegetazione, i contadini trovarono un'enorme quantità di frecce e punte di lance in bronzo.

7) Contrada Campocasa

Cisterna a campana

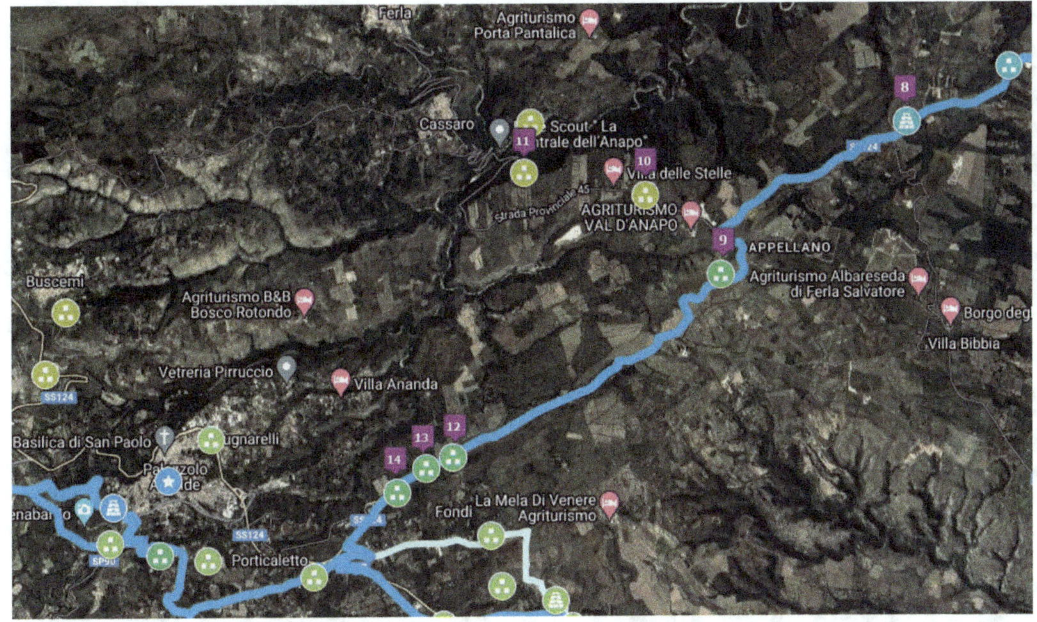

Siti archeologici da l numero 8 al 14 (il 13 ed il 14 già descritti precedentemente)

8) Contrada Colle Orbo

Presenza di insediamenti del periodo tardoromano; carraia, ipogeo e tombe tardo-romane.

9) Cugno Quercia

Area d'interesse archeologico

10) Contrada Giambra

Insediamento arcaico

11) Bibbinello

Necropoli bizantina con ipogei e arcosoli; chiesa rupestre monumentale del VI-VII secolo d.C. con absidi e arcosoli; resti dell'abitato rupestre con relativa necropoli.

12) Contrada Fondi Nuovi

Necropoli con tombe a camera.

Trasversale T1: Floridia - Canicattini Bagni

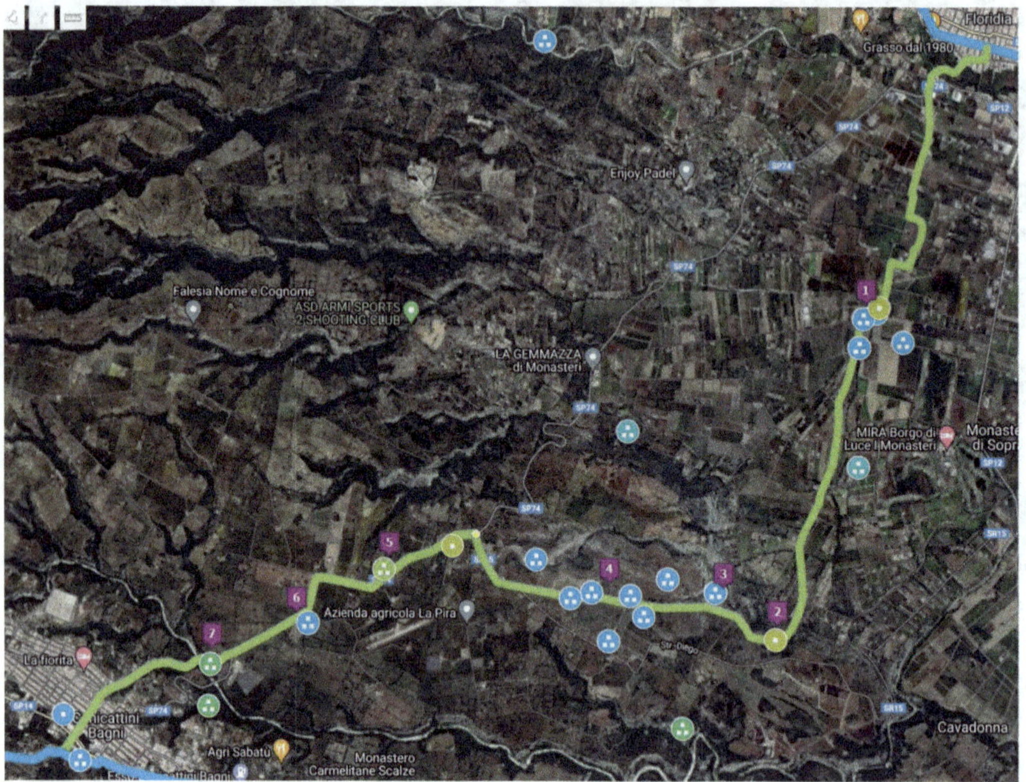

- Floridia (3.477 B. Pace) (CAMS) (C4-C7 - Schmettau) (C26) (C27) (C30) (C15A) (CSRT)

- T1.1: Monasteri Soprano (CAMS) (C26) (CSRT)

- T1.2: C.da Trappeto Vecchio (C26) (CSRT)

- T1.3: Cugno Trappetazzo (CSRT) (CAMS) (C26)

- T1.4: Case Diego (CSRT) (CAMS) (C26)

- T1.5: Cisternazza (CAMS) (C26) (C30) (CSRT)

- T1.6: Masseria Bagni (CAMS) (CSRT)

- T1.7: Cava Bagni (CAMS) (C26) (C30) (CSRT)

- Canicattini Bagni (CAMS) (3.477 B. Pace) (C26) (C27) (C30) (C15A) (CSRT)

Una possibile alternativa al tracciato proposto potrebbe iniziare con il segmento rappresentato dalla linea blu nella figura sottostante, corrispondente alla Regia Trazzera identificata con l'ID 457 nel SISTR - Piano Paesaggistico (rappresentata in rosso), e finire con un tratto di viabilità storica documentato nella carta del 1826 (C15A). Questo percorso sarebbe parzialmente sovrapponibile alla viabilità storica del 1826, come mostrato nella figura successiva. Tuttavia, nel tracciato proposto, ho ritenuto opportuno considerare anche gli insediamenti nelle località di Monastero Soprano e Case Diego.

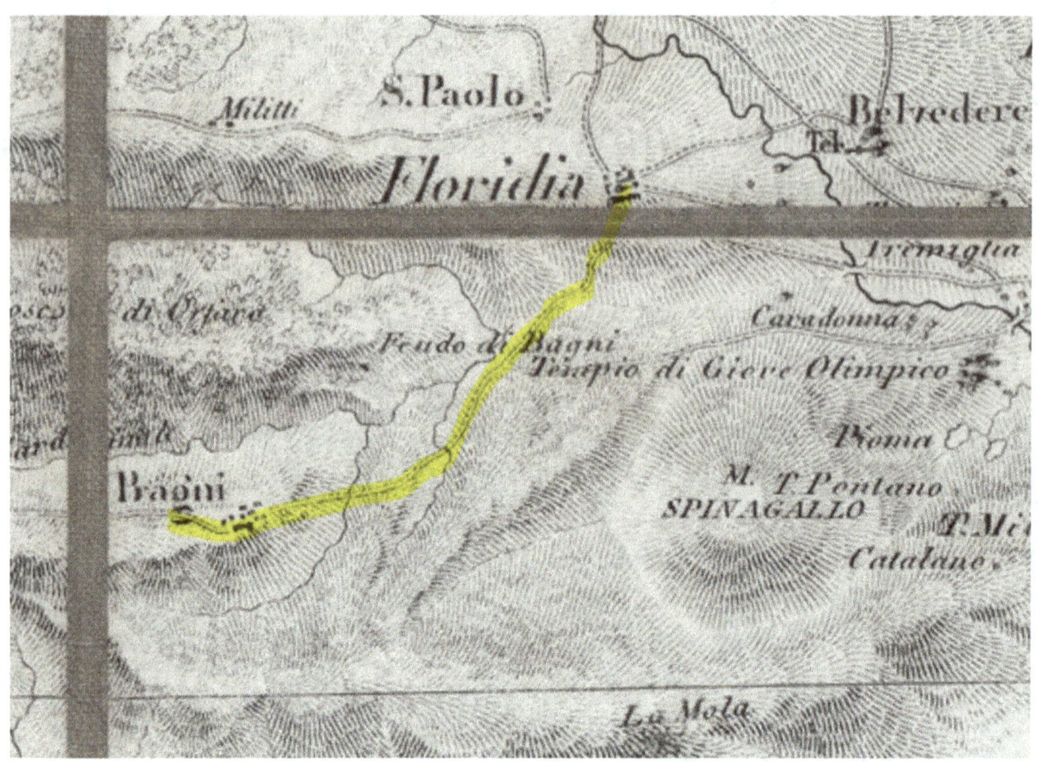

Particolare dalla Carta C15A: "Carta Generale dell'Isola di Sicilia – Sud-Est (1826)"

Particolare relativo alla località Trappeto Vecchio (carta C26)

VARIANTE SELINUNTINA T1/1 - [8,88 km]

Il sentiero evidenziato è presente nella viabilità storica e coincide con il tracciato presente

nel XIX secolo (C26)

VARIANTE SELINUNTINA T1/2 - [3,34 km]

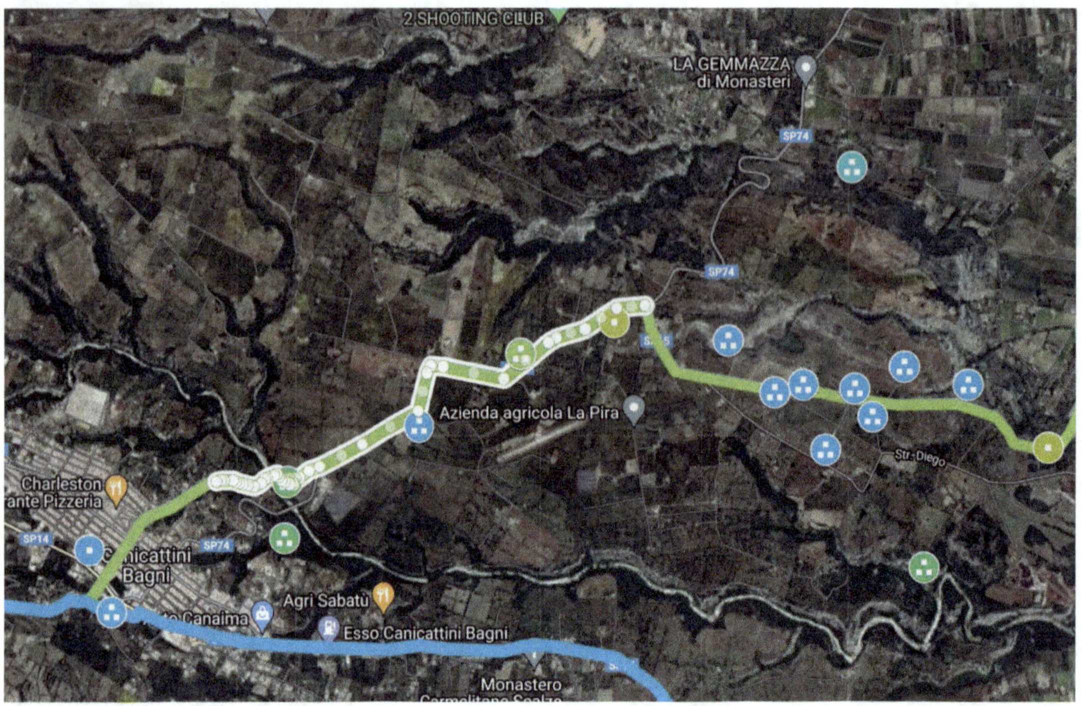

Il sentiero evidenziato è presente nella viabilità storica e coincide con il tracciato presente nel XIX secolo (C26)

VARIANTE SELINUNTINA T1/2 - [1,14 km]

Tratto ricostruito (solo a titolo orientativo)

Siti archeologici individuati durante il percorso T1

Elenco sintetico dei principali siti archeologici individuati nelle immediate vicinanze del percorso (per i dettagli e la geolocalizzazione dei singoli siti, si rimanda alle schede catalogate all'interno della CAMS).

1) e 2) Località Monasteri Soprano

Insediamenti di età costantiniana e necropoli.

3) Cugno Trappettazzo

Insediamento risalente all'epoca greca, con resti di mura antiche e ritrovamenti di ceramica greca.

4) Case Diego

Complesso di sette aree archeologiche distinte, includendo insediamenti e necropoli. Tra i ritrovamenti ci sono frammenti ceramici e di tegole romane, sepolture a fossa e vestigia di lavorazioni rupestri, oltre a una cisterna antica.

5) Cisternazza

Necropoli ellenistica dalla quale proviene il grande cratere di Canicattini Bagni.

6) Masseria Bagni

Insediamento rupestre. Area ricca di reperti ceramici di epoca romana ed ellenistica, presenza di frammenti di ceramica italica e sigillata di età romana (I a.C. e IV d.C.). Presenza di resti sparsi di blocchi lavorati, frammenti di marmo, numerosi frammenti di tegole di età romana

7) Cava Bagni

Piccola latomia di superficie con segni di lavorazione risalenti all'epoca ellenistica.

8) Necropoli di Cava Bagni

Tomba a grotticella artificiale

9) Canicattini Bagni

Il sito di Canicattini Bagni è stato già descritto precedentemente

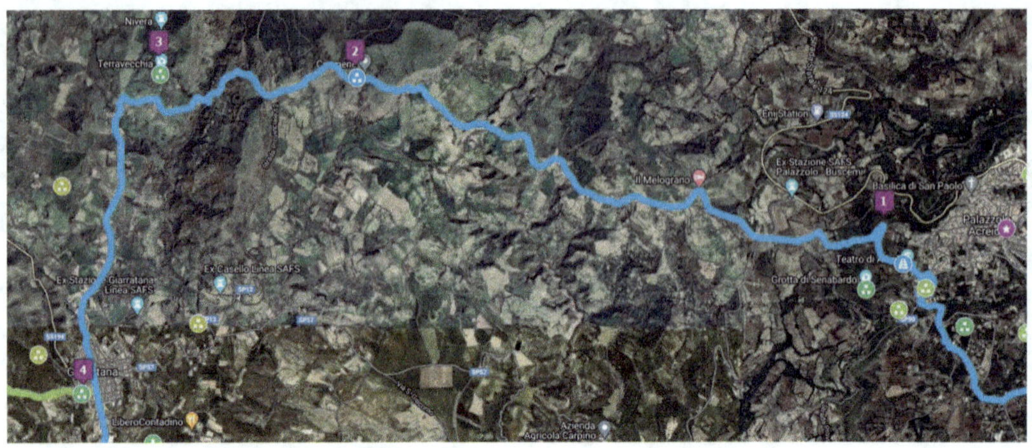

- **Palazzolo Acreide** (CAMS) (C4-C7 - Schmettau) (C12) (C26) (C27) (C28) (C29) (C30) (C15A) (3.475 B. Pace) (CSRT)

- V2.1: Contrada Poj (C30) (CSRT)

- V2.2: Monte Casale (3.476 B. Pace) (CAMS) (C30) (CSRT)

- V2.3: Terravecchia (Cerretanum Jarratanae) (C4-C7 - Schmettau) (CAMS) (C26) (C30) (3.476 B. Pace) (CSRT)

- V2.4: Giarratana (Villa Imperiale di Orto Mosaico) (CAMS) (C30) (C15A) (CSRT)

SELINUNTINA V2/1 - [5,30 km]

Tratto di Contrada Poj - Bivio Contrada Poj (Trazzera Poi), presente nella viabilità storica e corrispondente al tracciato del XIX secolo (C26).

SELINUNTINA V2/2 - [4,99 km]

Tracciato Torrevecchia Casa Portella – Casmene, presente nella viabilità storica e corrispondente al tracciato del XIX secolo (C26).

Tracciato Torrevecchia – Giarratana, presente nella viabilità storica e corrispondente al tracciato del XIX secolo (C26).

Siti archeologici individuati durante il percorso V2

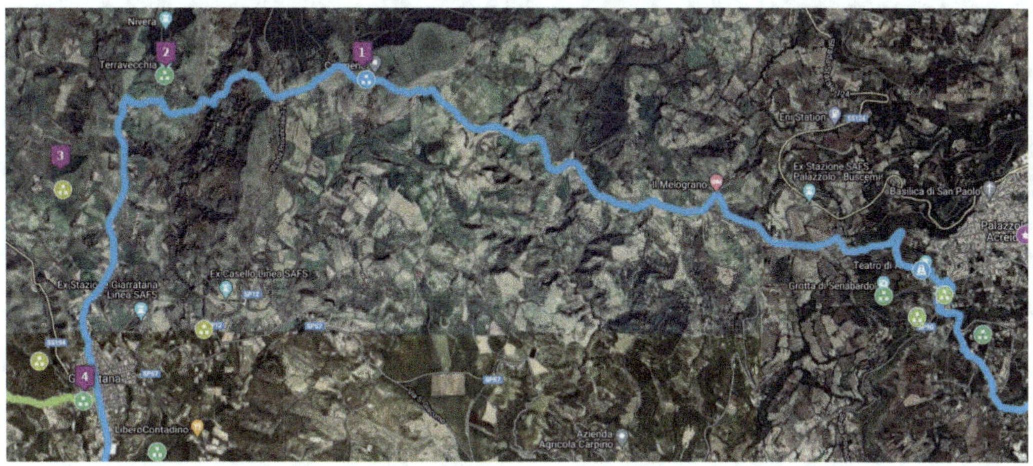

Elenco sintetico dei principali siti archeologici individuati nelle immediate vicinanze del percorso (per i dettagli e la geolocalizzazione dei singoli siti, si rimanda alle schede catalogate all'interno della CAMS).

1) Monte Casale (Casmene)

Antico sito greco, abitato e necropoli di Kasmenai. Sito di Kasmenai dove sono stati scoperti l'assetto urbanistico, un'area sacra, la fortificazione e un piccolo insediamento preistorico.

2) Terravecchia

Resti dell'antico villaggio di Terravecchia, devastato dal terremoto del 1693.

3) Contrada Cocuzza

Area di interesse archeologico

4) Orto Mosaico di Giarratana

L'Orto Mosaico è il sito dove è stata scoperta una villa romana del III secolo d.C. nel 1989. La villa presenta mosaici pavimentali e copre un'area di circa 2.000 metri quadrati. Il layout include tre padiglioni organizzati attorno a un cortile centrale. L'architettura è imponente, con mosaici di grande valore e sculture trovate durante gli scavi.

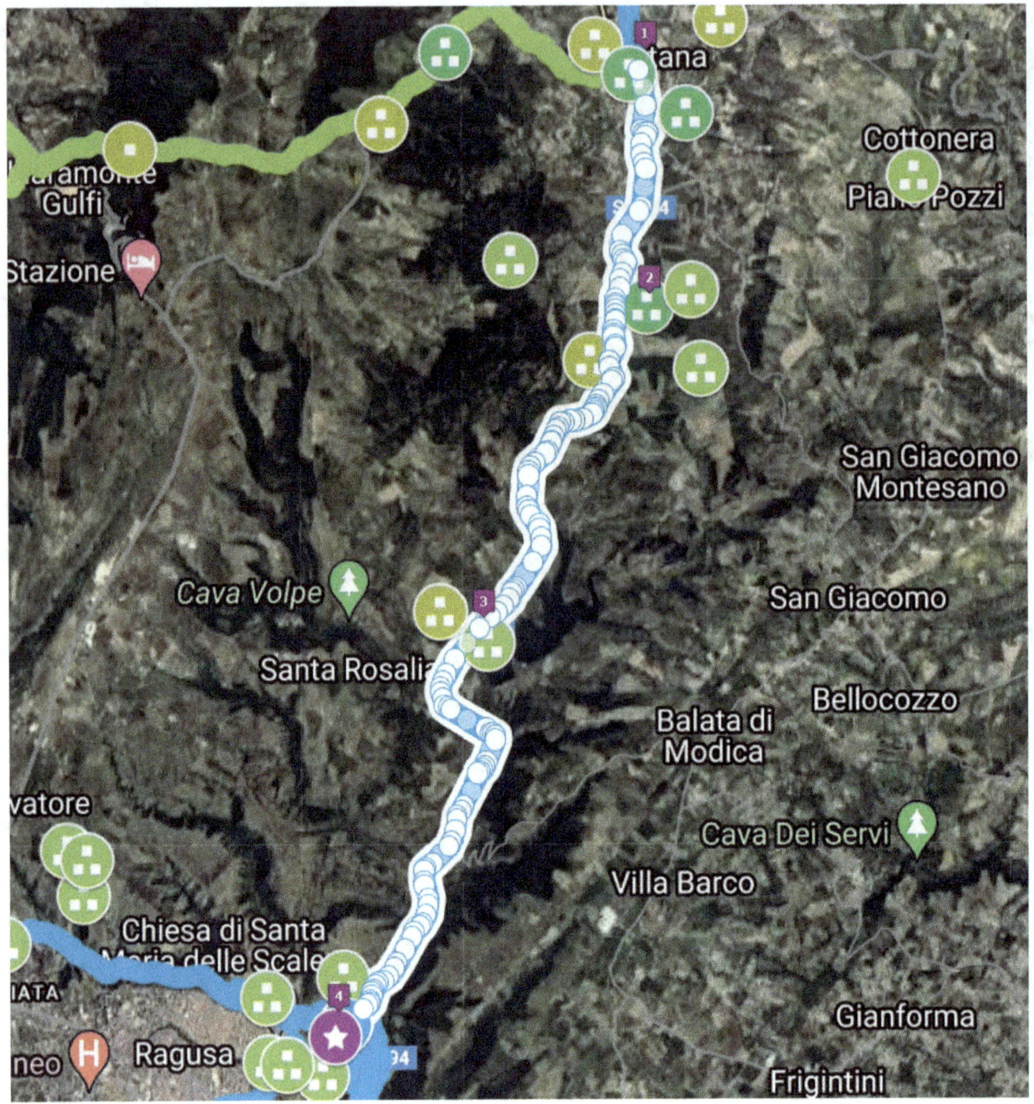

- V3.1: Giarratana (Villa Imperiale di Orto Mosaico) (C15A) (CAMS) (C30) (CSRT)

- V3.2: Villa romana di Margi (CAMS) (C30) (CSRT)

- V3.3: Dirupo Rosso (CAMS) (C30) (CSRT)

- **V3.4: Ibla (Hible)** (3.475 B. Pace) (**C13**) (**C14**) (C4-C7 - Schmettau) (C26), (13.302 Uggeri) (C12) (C29) (C15A) (CSRT)

Il tratto, lungo 15,5 km, corrisponde, fino a Ibla, alla Regia Trazzera identificata nel SITR con L'ID 5 ed è compatibile con il tracciato della Carta Generale di Sicilia del 1826 (C15A).

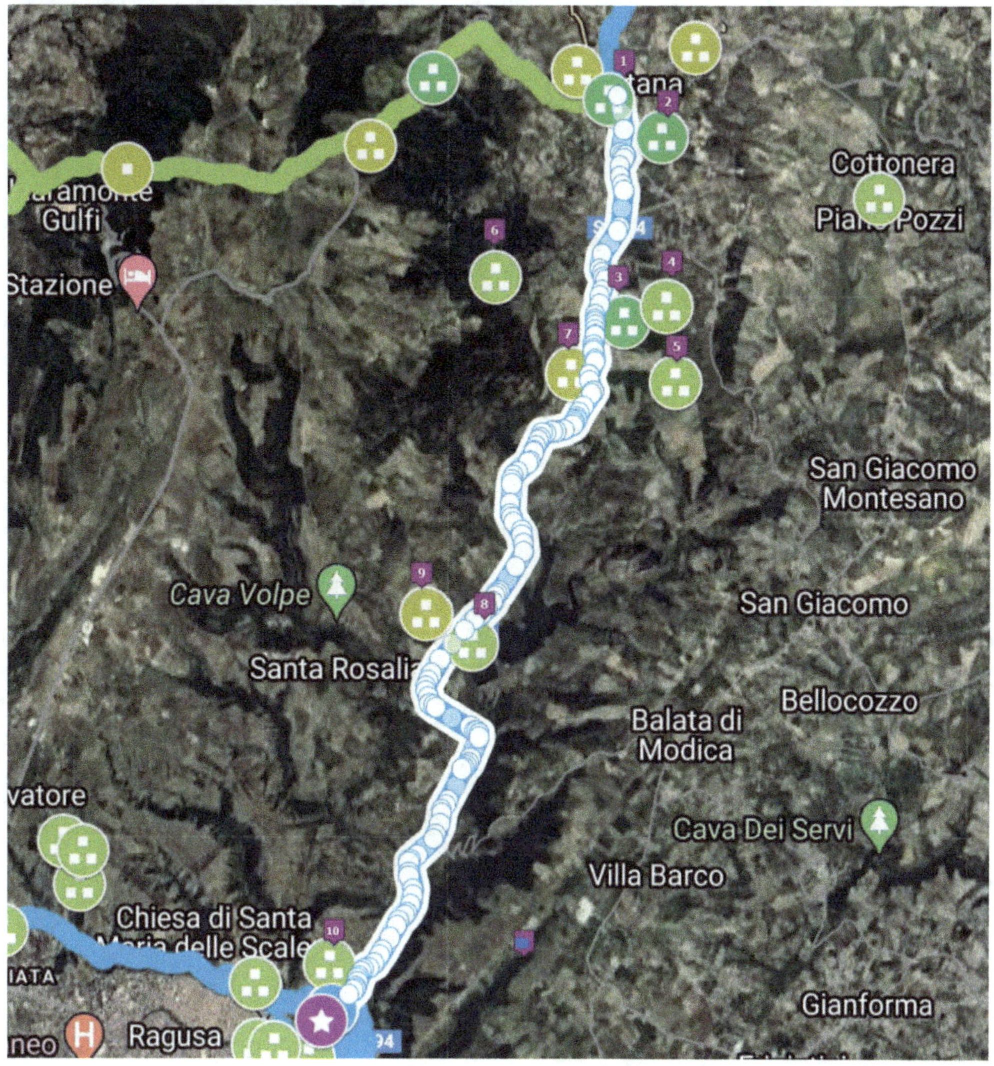

Elenco sintetico dei principali siti archeologici individuati nelle immediate vicinanze del percorso (per i dettagli e la geolocalizzazione dei singoli siti, si rimanda alle schede catalogate all'interno della CAMS).

1) Orto Mosaico di Giarratana (Visto precedentemente)

2) Monte Rotondo

Tracce di ceramica ellenistica (II sec. a.C.) e romana (I – IV sec. d.C.) – Ipogei bizantini (V sec. d.C.)

3) Margi

Villa Rustica di età imperiale (III sec. d. C.)

4) Contrada Margi – Trapaia

Chiesa Bizantina (V sec. d. C.)

5) Rabbuina

Catacomba Cristiana (IV d. C.)

6) Calaforno

Un ipogeo preistorico, in uso fin dal quarto millennio a.C., è stato adoperato per sepolture collettive anche durante il periodo greco. Questa struttura comprende 35 camerette circolari, ciascuna con un diametro tra i 2 e i 3 metri e un'altezza massima di un metro, estendendosi per una lunghezza totale di oltre 100 metri.

7) Cozzo Gallo

Nessuna Informazione (preso dal SITR)

8) Dirupo Rosso

Insediamento rupestre medievale (XII sec. d. C.)

9) Piano Manna

Ipogeo bizantino (VI sec. d.C.) e necropoli preistorica castellucciana (I età del bronzo XIX XIV sec. a. C.)

10) Contrada Monte

Necropoli protostorica e cristiana, si trova in contrada monte al di sopra della S.P per Giarratana. È costituita da tombe a grotticella ricavate dai costoni rocciosi.

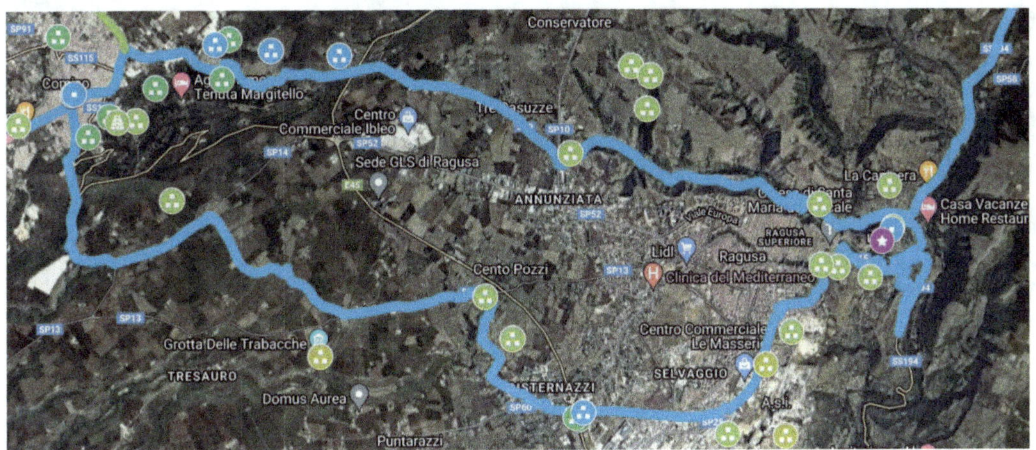

Il tratto è costituito da due varianti

- Variante V4.a (Ibla – Scassale - Comiso)

- Variante V4.b (Ibla – Cisternazzi - Comiso)

Variante V4.a: Ibla – Scassale – Comiso

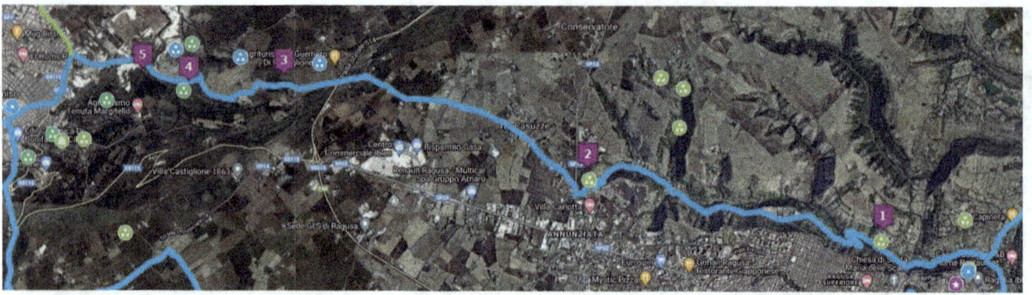

- o **Ibla (Hible)** (3.475 B. Pace) (C13) (C14) (C4-C7 - Schmettau) (C26), (13.302 Uggeri) (C12) (C29) (C15A) (CSRT)

- o V4.a.1: Cava San Leonardo (CMAS) (C30) (CSRT)

- o V4.a.2: Cava Scassale (3.476 B. Pace) (CAMS) (C26) (C30) (CSRT)

- o V4.a.3: Contrada Castiglione (C26) (C30) (C15A) (CSRT)

- o V4.a.4: Costa del Monaco (CAMS) (C30) (CSRT)

- o V4.a.5: Cozzo Apollo (fianchi) (3.476 B. Pace) (CAMS)

- o Comiso (3.476 B. Pace) (CAMS) (C30) (C15A) (CSRT)

SELINUNTINA V4.a/1 - [1,16 km]

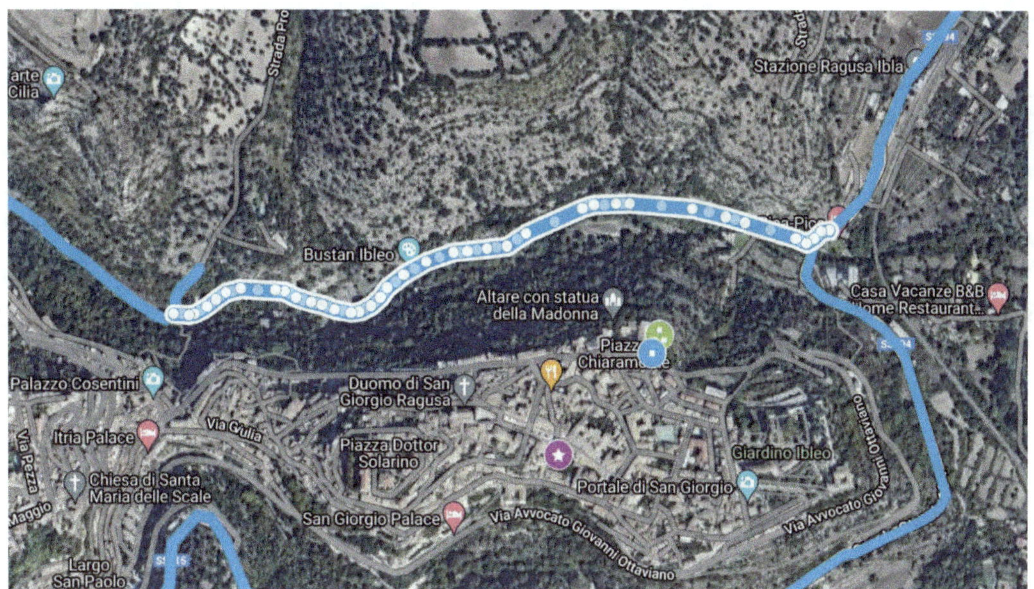

Raccordo Strada Statale 194 - Strada Provinciale 116 , presente nella viabilità storica e corrispondente al tracciato del XIX secolo (C26).

SELINUNTINA V4.a/2 - [5,82 km]

Tratto per Scassale, corrisponde alla Regia Trazzera indicata con L'ID 329 nel SITR.

SELINUNTINA V4.a/3 - [4,24 km]

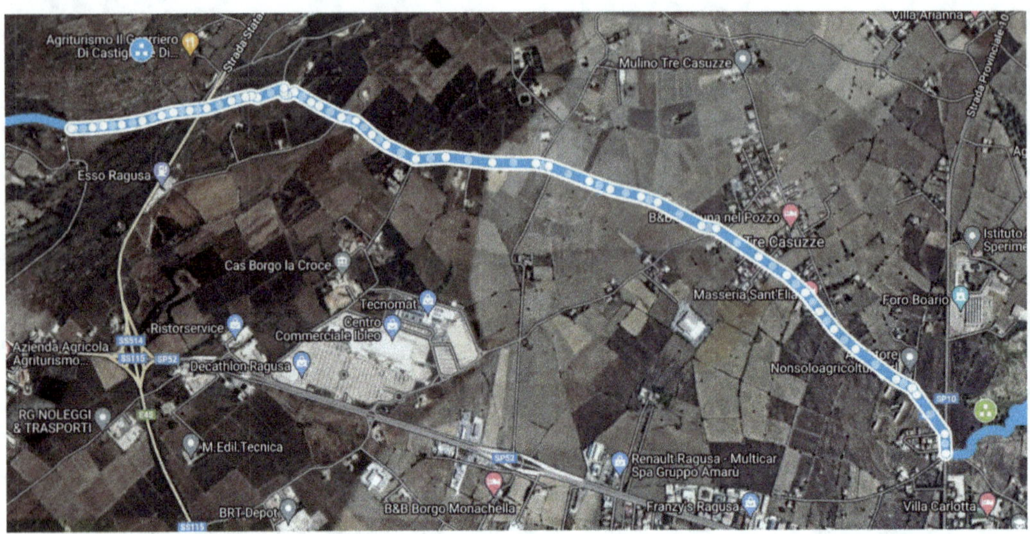

Tratto Scassale - Castiglione, corrisponde alla Regia Trazzera indicata con L'ID 145 nel SITR.

SELINUNTINA V4.a/4 - [3,73 km]

Tratto Castiglione - Comiso, corrisponde ad un tratto della Regia Trazzera indicata con L'ID 220 nel SITR.

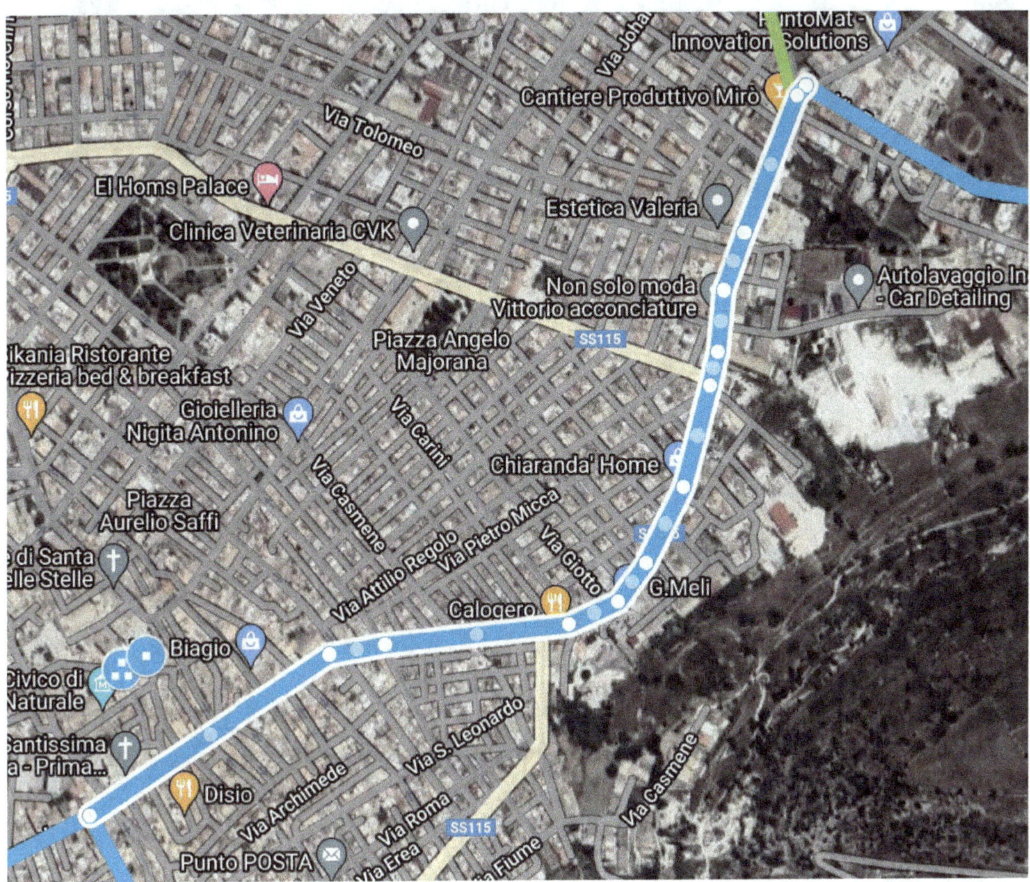

Tracciato di Comiso, presente nella viabilità storica e corrispondente al tracciato del XIX secolo (C26).

Siti archeologici individuati durante il percorso V4.a

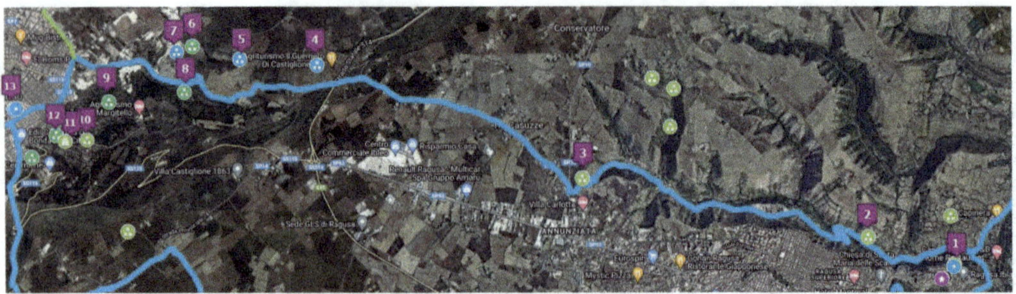

Elenco sintetico dei principali siti archeologici individuati nelle immediate vicinanze del percorso (per i dettagli e la geolocalizzazione dei singoli siti, si rimanda alle schede catalogate all'interno della CAMS).

1) Discesa Pescheria

Murature difensive, grotte, e abitazioni scavate nella roccia.

2) Cava San Leonardo

Tombe appartenenti a quello che sembra essere stato una necropoli di un villaggio tardo romano (IV-V sec. a.C.).

3) Chiesa dell'Annunziata Vecchia

Presenza di tombe greco-romane - possibili catacombe.

4)Abitato arcaico e necropoli di Castiglione

Insediamento arcaico e relative necropoli risalenti al IV-VI sec. a.C.

5) Abitato indigeno di Castiglione

Insediamento indigeno dell'epoca arcaica (VI sec. a.C.).

6) Cozzo di Apollo

Fattoria risalente al III sec. d.C.

7) Cozzo - Apollo – Castiglione

Insediamento siculo arcaico del VI sec. a.C., protetto da vincolo.

8) Costa del Monaco

Tombe a grotticella risalenti al VI sec. a.C.

9) Sante Croci

Necropoli e villaggio preistorico, risalenti al periodo tra il XIX e il XIV sec. a.C.

10) Cava Porcaro

Catacomba cristiana del IV sec. d.C. situata all'interno del Parco archeologico e naturalistico di Cava Porcaro.

11) Strada "romana"

Resti di una strada, probabilmente di epoca bizantina, situati all'interno del Parco archeologico e naturalistico di Cava Porcaro.

12) Quartiere Saliceto

Necropoli romana del III sec. d.C.

13) Terme Romane

Terme urbane costruite tra il Dianae fons e il fiume Ippari. Scoperte per la prima volta nel 1935 dagli archeologi Biagio Pace ed E. Erias, vennero scavate nel 1989. Alimentate dalla fonte Diana, le terme risalgono al II-III sec. d.C. e furono in uso fino al periodo bizantino. Gli scavi hanno rivelato il tepidarium, un grande ninfeo poligonale, un alveus e il calidarium. È stato inoltre scoperto un sofisticato pavimento a mosaico composto da tessere di calcare bianco compatto e basalto nero raffigurante Nettuno circondato da due gruppi di Nereidi a cavallo di tritoni.

Terme romane di Comiso. Foto di Ignazio Caloggero

- **Ibla (Hible)** (3.475 B. Pace) (C13) (C14) (C4-C7 - Schmettau) (C26), (13.302 Uggeri) (C12) (C29) (CSRT)

- V4.b.1: Contrada Rito (CAMS)

- V4.b.2 Pendente Petrulli

- V4.b.3: Contrada Tabuna (CAMS)

- V4.b.4: Cisternazzi (Mansio Romana) (CAMS)

- V4.b.5: Centro Pozzi (3. 476 B. Pace) (CAMS)

- V4.b.6: Musebbi (CAMS)

- V4.b.7: Tresauro (3. 476 B. Pace) (CAMS)

- V4.b.8: Quartiere San Leonardo (CAMS)

- **Comiso** (3.476 B. Pace) (CAMS)

Tratto da Ibla al Cimitero, corrisponde ad un tratto della Regia Trazzera indicata con L'ID 5 nel SISTR.

SELINUNTINA V4.b/2 - [5,80 km]

Tratto di C.da Cangiuta, presente nella viabilità storica e corrispondente al tracciato del XIX secolo (C26).

SELINUNTINA V4.b/3 - [2,89 km]

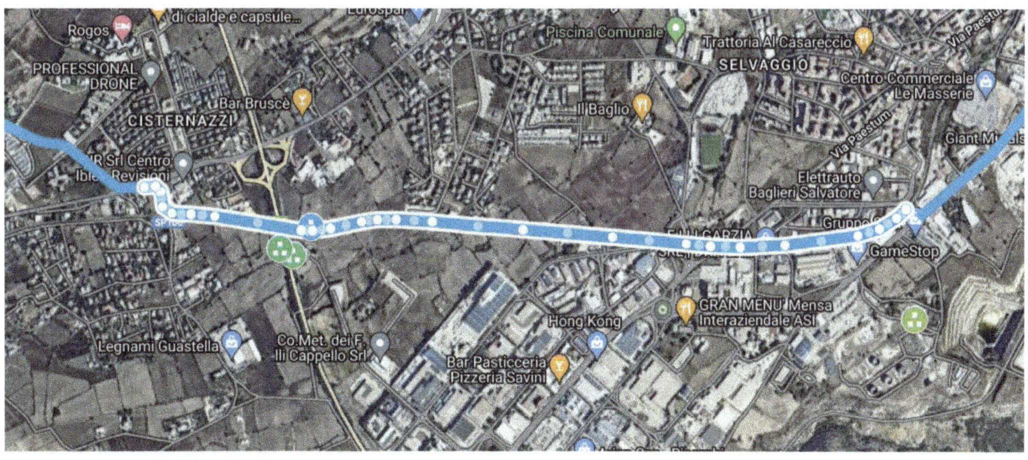

Tratto ricostruito da me da C.da Cangiuta per Cisternazzi, tiene conto della Mansio di età romana di Cisternazzi

SELINUNTINA V4.b/4 - [4,70 km]

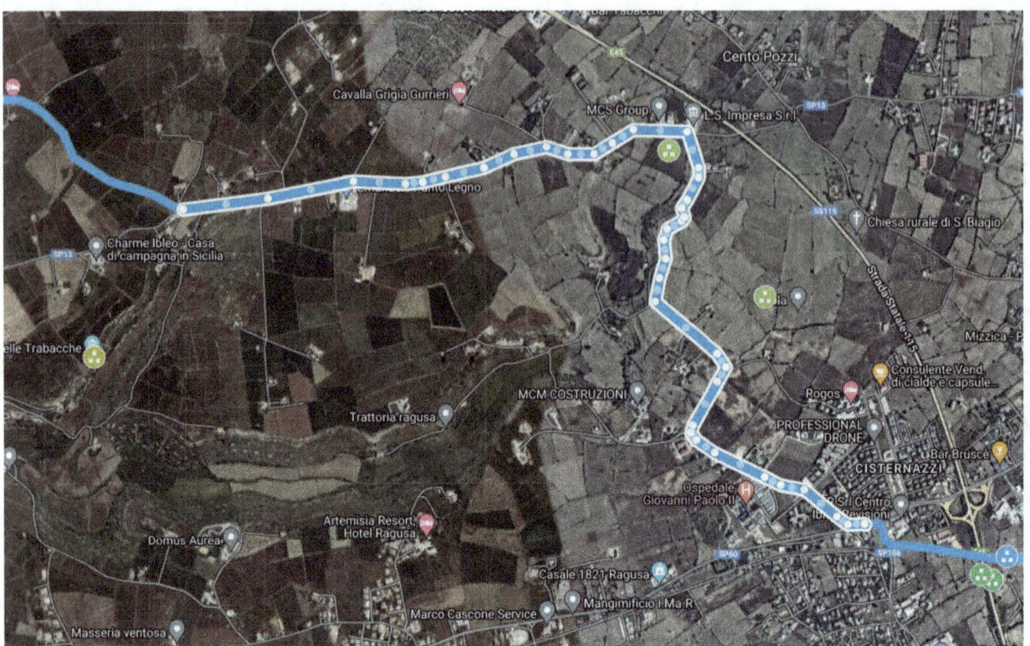

Tratto da Cisternazzi a C.da Tresauro, presente nella viabilità storica e corrispondente al tracciato del XIX secolo (C26).

SELINUNTINA V4.b/5 - [8,48 km]

Tratto C.da Tresauro - Comiso, presente nella viabilità storica e corrispondente al tracciato del XIX secolo (C26).

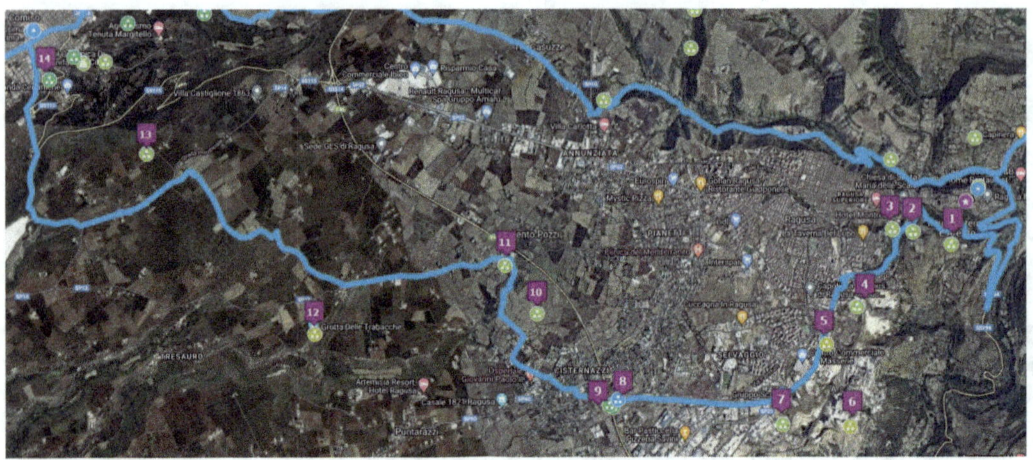

Elenco sintetico dei principali siti archeologici individuati nelle immediate vicinanze del percorso (per i dettagli e la geolocalizzazione dei singoli siti, si rimanda alle schede catalogate all'interno della CAMS).

1) Rito

Necropoli greco-arcaica (VI-V sec. A. C.) nelle vicinanze dell'ospedale di Ibla. La necropoli fu scoperta da Antonio di Vita nel 1956

2) Contrada Pendente Petrulli

Necropoli del periodo greco scoperte nel 1891 in occasione dei lavori di costruzione della rete ferroviaria. Scavi a cura di Paolo Orsi nel 1892-1898.

3) Carmine

Necropoli di epoca greca

Necropoli del Carmine. Foto di Ignazio Caloggero

4) Contrada Tabuna

Le più antiche tracce di lavorazione dell'asfalto in questa zona sono state identificate in epoche precedenti l'ellenismo: alcuni sarcofagi scoperti in Contrada Tabuna, nella periferia sud della città, attestano il suo uso tra le popolazioni locali.

5) Via Camillo Prampolini

Area di interesse archeologico

6) Cava Manolle

Area di interesse archeologico

7) Palazzo dei Ladri

Complesso abitativo rupestre di epoca tardo-bizantina (VI sec. d.C.) e successiva fase medievale (XII-XIII sec. d.C.).

8) Mansio di Cisternazzi

Mansio di età romana (III-IV sec. d.C.), parte di essa fu trasformata in epoca bizantina in basilica cimiteriale.

9) Catacombe di Cisternazzi

Il complesso si articola in due catacombe principali, Ipogeo A e Ipogeo B:

- Ipogeo A: Data tra il IV e V sec. d.C., presenta internamente una tomba a baldacchino.
- Ipogeo B: La camera funeraria, sostanzialmente rettangolare, è preceduta da un vestibolo dotato di due arcosoli bisomi e almeno tre sepolture infantili. All'interno, le tombe sono organizzate lungo le pareti o in doppia fila, con un sarcofago isolato al centro.

10) Cento Pozzi

Indizi di fattorie risalenti al tardo antico (IV sec. d.C.) e al periodo bizantino (V-VI sec. d.C.).

11) Musebbi

Tracce di fattorie tardo-antiche (IV sec. d.C.) e bizantine (V-VI sec. d. C.)

12) Grotta delle Trabacche

La Grotta delle Trabacche è probabilmente di epoca romana o tardo romana e sicuramente
fu utilizzata come luogo di sepoltura in epoca bizantina, quando nella zona era presente un
villaggio bizantino.

Foto di Ignazio Caloggero

13) Contrada Tresauro

Villaggio bizantino (V – VI sec. d. C.).

14) San Leonardo

Necropoli romana (III sec. d. C.).

- Comiso (3.476 B. Pace) (C15A) (CAMS)

- **V5.1:** Orto Conte (CAMS) (C26) (C30) (CSRT)

- **V5.2:** Cozzo del Re (CAMS) (C26) (C30) (CSRT)

- **V5.3:** Contrada Martorina (Vittoria) (CAMS) (C26) (C30) (CSRT)

- **V5.4:** Contrada Maritaggi (C26) (C30) (CSRT)

- **V5.5:** Borgo Serra San Bartolo (C26) (C30) (CSRT) (3.476 B.Pace)

- **V5.6:** Acate (C30) (C15A) (CSRT)

SELINUNTINA V5/1 - [5,06 km]

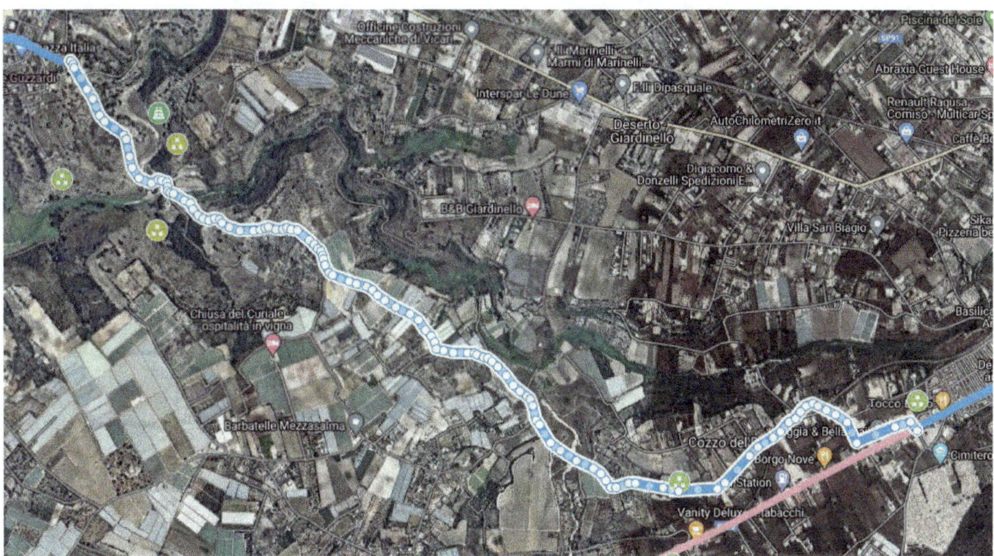

Tratto Comiso – Vittoria, presente nella viabilità storica e corrispondente al tracciato del XIX secolo (C26).

SELINUNTINA V5/2 - [2,46 km]

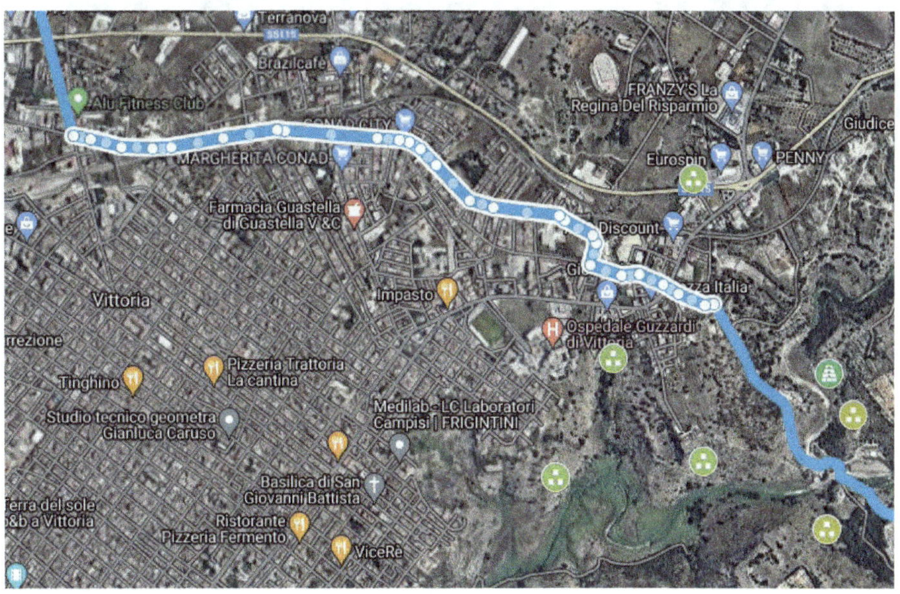

Tratto ricostruito da me e in parte presente ella viabilità storica e corrispondente al tracciato del XIX secolo (C26).

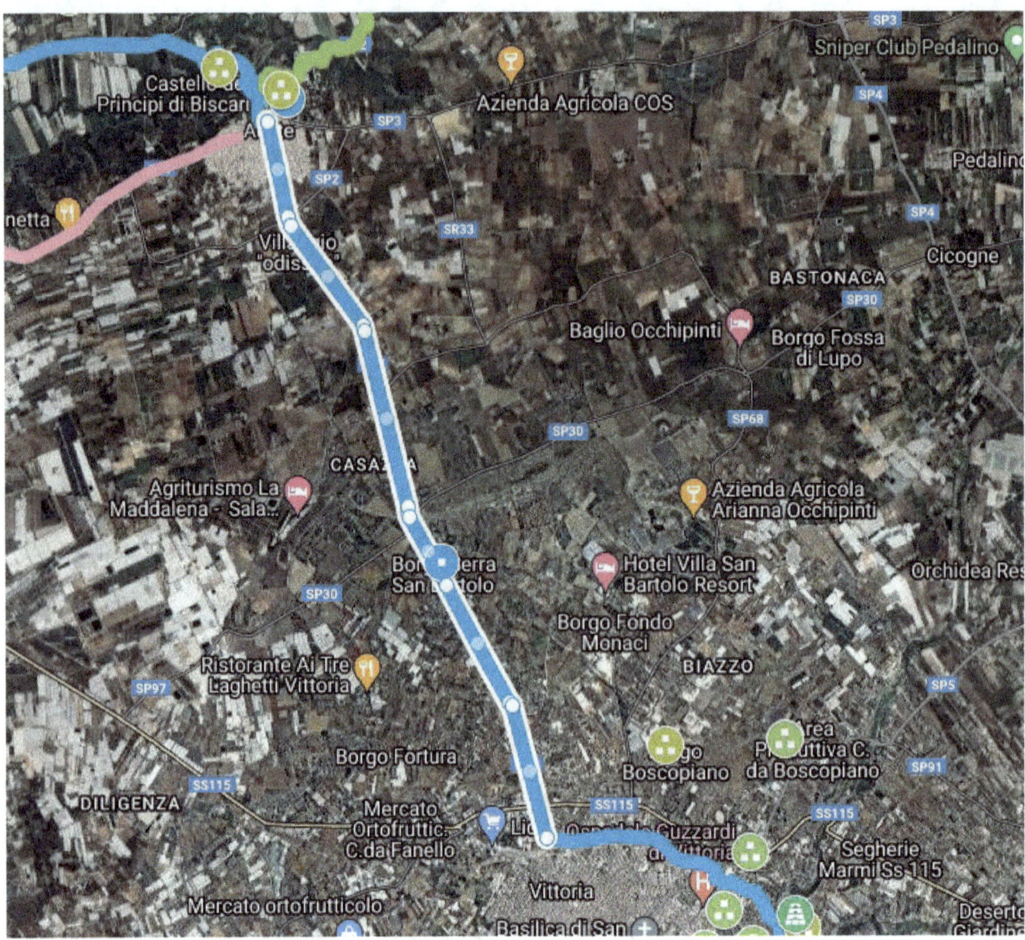

Tratto da Vittoria ad Acate corrisponde alla Regia Trazzera Vittoria-Acate indicata con L'ID 8 nel SISTR.

Siti archeologici individuati durante il percorso V5

Elenco sintetico dei principali siti archeologici individuati nelle immediate vicinanze del percorso (per i dettagli e la geolocalizzazione dei singoli siti, si rimanda alle schede catalogate all'interno della CAMS).

1) Orto Conte

Necropoli di epoca medievale.

2) Cozzo del Re

Reperti dell'epoca greca (IV sec. a.C.).

3) Barco

Resti risalenti al periodo greco (III sec. a.C.).

4) Molino Martorina

Grotte abitative e ipogei di epoca bizantina.

5) Strada Martorina

Mulattiera scavata nella roccia, con numerose croci, sia greche che latine, incise sulle pareti rocciose circostanti.

6) Contrada Maritaggi

Grotte utilizzate come abitazioni in Contrada Maritaggi.

7) Comuni

Grotte di periodo bizantino.

8) Contrada Martorina

Abitato rupestre di età bizantina e medievale

9) Centocelle

Abitato rupestre di età bizantina e medievale. V-VI-VII e IX sec. d.C.

10) Castello

Abitato rupestre di età bizantina e necropoli a fossa del IX sec. d.C. - V-VI-VII e IX sec. d.C.

11) Billona

Frammenti ceramici del periodo greco-classico - III sec. a.C.

12) Bosco Piano

Frammenti ceramici del periodo greco-classico (II – IV sec. d.C.).

13) Acate

Resti di industria litica (schegge di pietra, residui di lavorazione) - Villaggio officina del periodo preistorico (età del rame).

2.7 Trasversale T2 (Giarratana – Chiaramonte Gulfi - Acate)

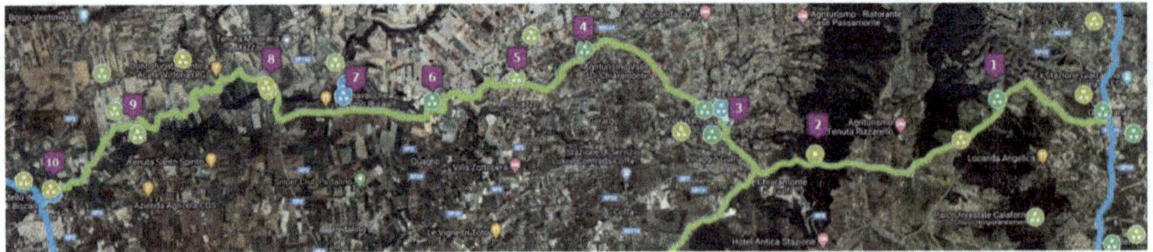

- Giarratana (C15A) (CAMS) (C30) (CSRT)

- **T2.1:** Muraglie (CAMS) (C30) (CSRT) (C26)

- **T2.2:** Santa Lucia (C30) (C26) (CSRT)

- **T2.3:** Aranci-Marana- Piano Conte (Akrillai) (CAMS) (C30) (C26) (C4-C7 - Schmettau) (C28) (C15A) (CSRT)

- **T2.4:** Cicimia CAMS) (C30) (C26) (CSRT)

- **T2.5:** Sperlinga (CAMS) (C30) (C26) (CSRT)

- **T2.6:** Fossa Rotonda (CAMS) (C30) (C26) (CSRT)

- **T2.7:** Scornavacche (CAMS) C26) (C30) (CSRT)

- **T2.8:** Piano Arceri (CAMS) (C30) (CSRT)

- **T2.9:** Contrada Biddine (C30) (C26) (3.476 B. Pace) (CSRT)

- **T2.10:** Acate (C30) (C15A) (CAMS) (CSRT)

VARIANTE SELINUNTINA T2/1 - [2,57 km]

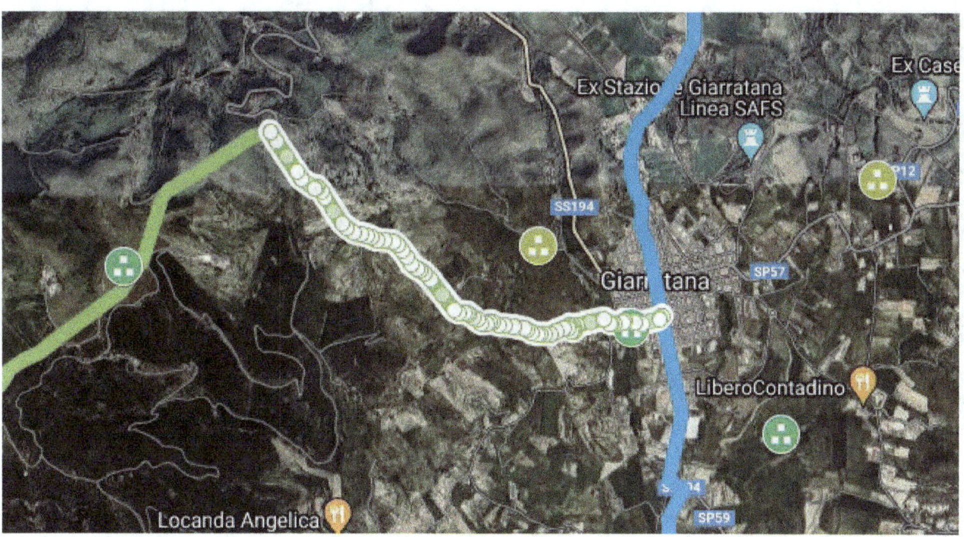

Tratto da Giarratana – C.da Muraglie, corrisponde alla Regia Trazzera indicata con L'ID 274 nel SISTR.

VARIANTE SELINUNTINA T2/2 - [2,35 km]

Tratto in C.da Muraglie, corrisponde alla Regia Trazzera indicata con L'ID 273 nel SISTR.

VARIANTE SELINUNTINA T2/3 - [4,14 km]

Tratto C.da Muraglie – Santa Lucia, corrisponde alla Regia Trazzera indicata con L'ID 271 nel SISTR

VARIANTE SELINUNTINA T2/4 - [3,01 km]

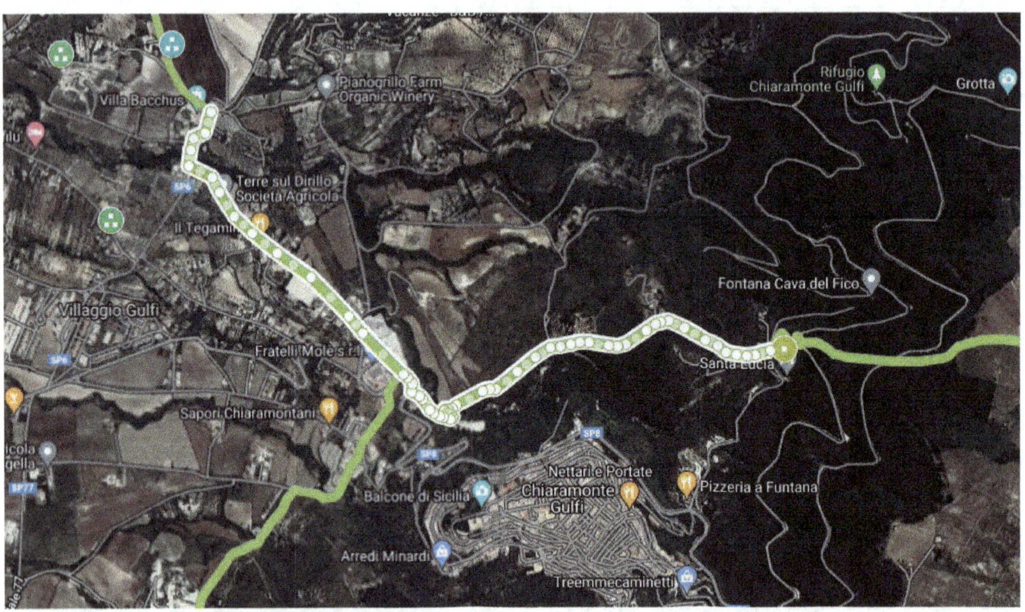

Tratto Chiaramonte Gulfi – Piano Conte, presente nella viabilità storica e corrispondente al tracciato del XIX secolo (C26).

VARIANTE SELINUNTINA T2/5 - [1,10 km]

Piccolo tratto a Piano Conte, corrisponde alla Regia Trazzera indicata con L'ID 255 nel SISTR

VARIANTE SELINUNTINA T2/6 - [12,9 km]

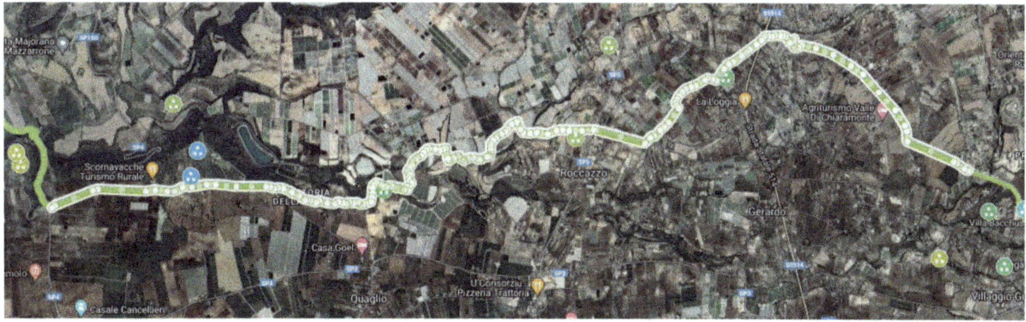

Tratto Cda Prete Paolo - Cda Cicima Cda Caffa - Cda Mazzarronello - Scornavacche, presente nella viabilità storica e corrispondente al tracciato del XIX secolo (C26).

VARIANTE SELINUNTINA T2/7 - [10,1 km]

Tratto Cda Mazzarronello - Acate, corrisponde parzialmente alla Regia Trazzera indicata con L'ID 245 nel SISTR

Siti archeologici individuati durante il percorso T2

Elenco sintetico dei principali siti archeologici individuati nelle immediate vicinanze del percorso (per i dettagli e la geolocalizzazione dei singoli siti, si rimanda alle schede catalogate all'interno della CAMS).

1) Strada Comunale Valletta Julio

Area di interesse archeologico

2) Muraglie

Fattoria romana. III – IV sec. d.C.

3) Contrade Serra Muraglie/Calaforno

Area di interesse archeologico.

4) Aranci-Marana-Piano Conte (Akrillai)

Santuario Gulfi. Necropoli e abitato preistorico (età del bronzo XIX-XIV sec. a. C.); necropoli e abitato greco arcaico (VI-V sec. a.C.);

5) Branco di Forno

Abitato e necropoli età romana (II – III sec. a. C.)

6) Contrada San Nicola – Giglia

Chiesetta bizantina di S. Nicola e cimitero tardo-antico,

7) Cicimia

Necropoli romana (II – IV sec. d. C.)

8) Fegatta

Necropoli romana (III d. C.)

9) Sperlinga

Abitato rupestre tardo – bizantino e medievale (VI sec. d.C.) e Necropoli tardo indigena (VI sec. a. C.)

10) Fossa Rotonda

Abitato e necropoli età ellenistica (II – I sec. a. C.)

11) Scornavacche

Abitato greco arcaico (VI sec. a C.) e Abitato ellenistico e necropoli arcaica (III sec. a. C.)

12) Mazzarronello

Abitato greco e necropoli - VI – IV sec. A. C.

13) Torre Mazzaronello

Abitazione in grotta -Età del bronzo medio

14) Piano Arceri – Abitato

Abitato dell'età del rame (XXI – XIX sec. a. C.)

15) Piano Arceri - Piano dell'isola

Abitato dell'età del rame (XXI – XIX sec. a. C.)

16) Poggio Biddine

Villaggio dell'età del bronzo (I età del bronzo – Facies castellucciana XIX – XIV sec. a. C.)

17) Contrada Biddine Soprano

Resti di ceramica classica (V – IV sec. a. C.) – (Villaggio greco)

18) Biddine Sottano

Necropoli romana (III – IV sec. d. C.)

19) Contrada Pilliria

Fattoria greca (V – IV sec. a. C.)

20) Acate

Già visto

- Chiaramonte Gulfi (C15A) (3.476 B. Pace)

- **T3.1:** Contrada Cifali (CAMS) (C30) (C26) (CSRT)

- **T3.2:** Contrada Mastrella – Semia (CAMS) (C30) (C26) (CSRT)

- **T3.3:** Comiso (C15A) (3.476 B. Pace) (CAMS)

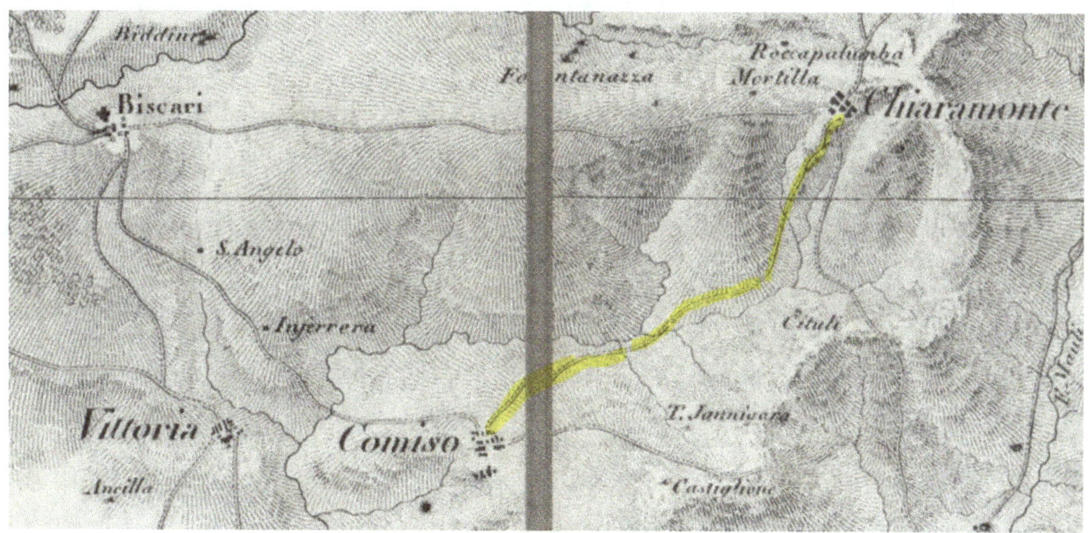

La variante sulla Carta Generale della Sicilia (1826)

VARIANTE SELINUNTINA T3/1 - 0, 694 km]

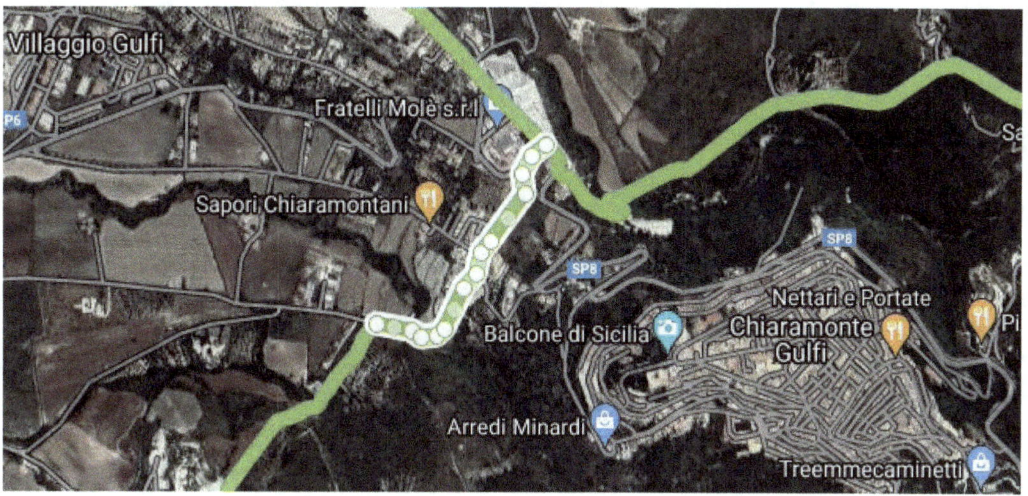

Tratto iniziale, corrisponde alla Regia Trazzera indicata con L'ID 274 nel SISTR.

VARIANTE SELINUNTINA T3/3 - [2,15 km]

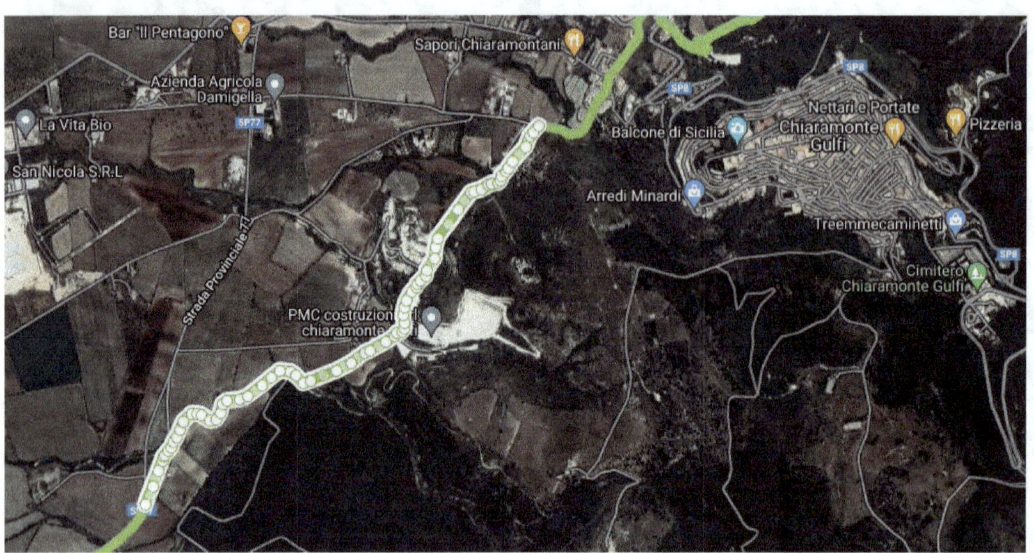

Secondo tratto, corrisponde alla Regia Trazzera indicata con l'ID 261 nel SISTR.

VARIANTE SELINUNTINA T3/4 - [9,16 km]

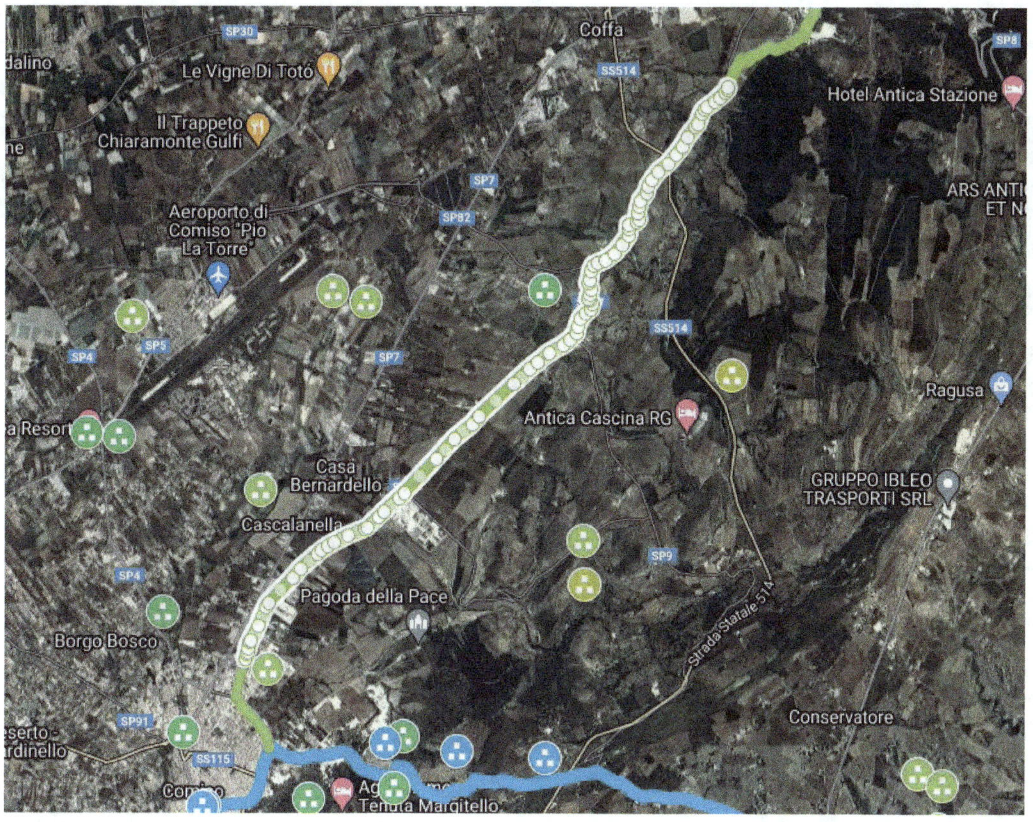

Tratto corrispondente alla Regia Trazzera Comiso-Chiaramonte Gulfi

VARIANTE SELINUNTINA T3/5 - [1,17 km]

Tratto finale corrispondente alla Regia Trazzera Comiso-Chiaramonte Gulfi, indicata con l'ID 261 nel SISTR.

Siti archeologici individuati durante il percorso T3

Elenco sintetico dei principali siti archeologici individuati nelle immediate vicinanze del percorso (per i dettagli e la geolocalizzazione dei singoli siti, si rimanda alle schede catalogate all'interno della CAMS).

1) Contrada Cifali

Necropoli e insediamenti di varie epoche: preistorica, greca, romana e medievale (XIX – XIV sec. a.C.; V sec. a.C.; III sec. d.C.; XII – XIII sec. d.C.).

2) Badia

Reperti di ceramica di epoca romana (III secolo d.C.).

3) Cifali

Resti archeologici greci e romani (V sec. a.C.; III sec. d.C.).

4) Cifali-Casa Ferreri

Resti del periodo romano (II-III sec. d.C.).

5) Monte Tabuto

Tracce dell'Era del bronzo, fase castellucciana (XIX – XIV sec. a.C.).

6) M.Raci-Racello- Ciavole Sallia

I età del bronzo facies castellucciana XIX – XIV sec. A. C.

7) Margi - Deserto - Casa Sallemi

Resti di epoca greca – IV sec. a.C.

8) Contrada Serra Carcara – Favaragghi

Resti del periodo greco (IV sec. a.C.).

9) Billona – Cascalana

Reperti romani (II – III sec. d.C.).

10) Contrada Margi – difesa

Resti di epoca greca e romana (III sec. a. C. ; III sec. d. C.)

11) Contrada Mastrella – Semia

Reperti greci, romani e tardo-romani (IV sec. a.C.; III sec. d.C.; IV sec. d.C.)

12) Merlino

Sito di una fattoria romana (III sec. d.C.).

13) Comiso: Terme Romane – Già descritte

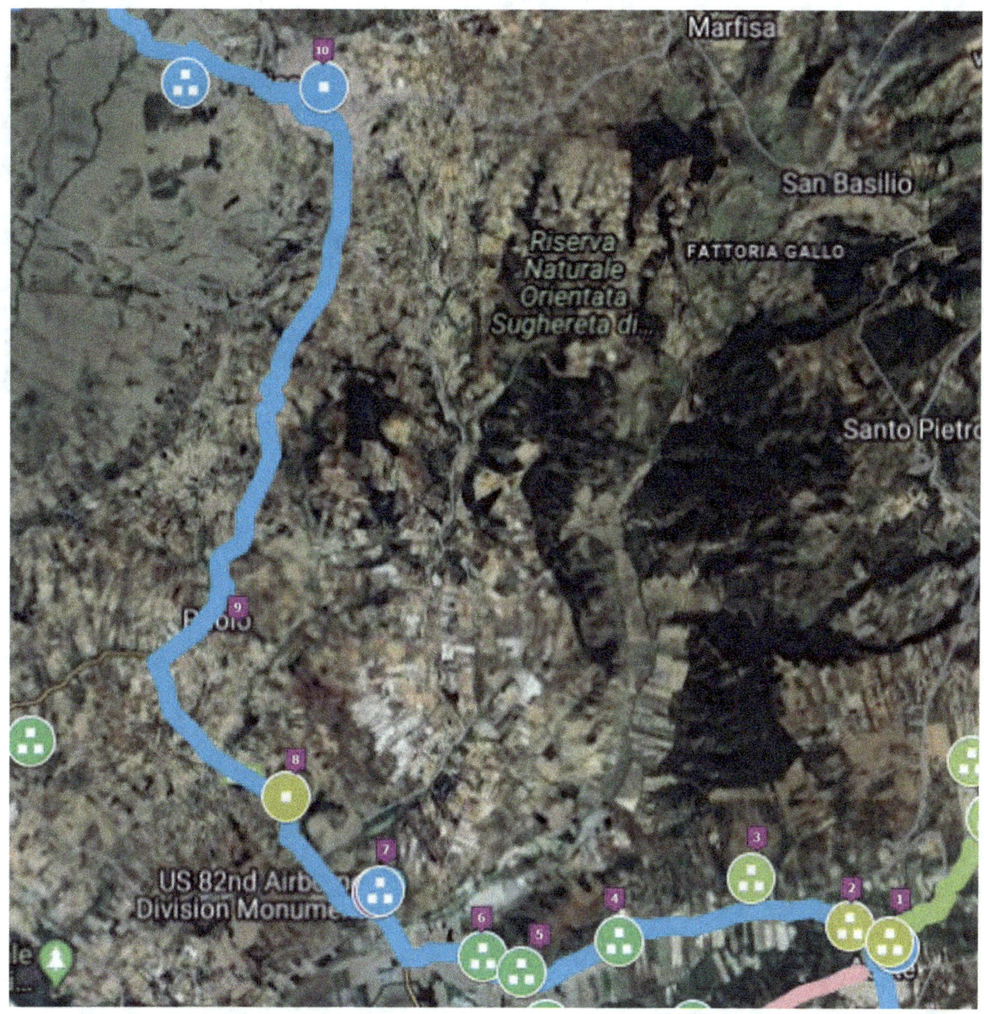

- **V6.1: Acate** (C30) (C15A) (CSRT)

- **V6.2:** Torrevecchia (C26) C30) (CSRT)

- **V6.3:** Case Caruso (CAMS) (CAMS) C26) (C30) (CSRT)

- **V6.4:** Contrada Iacono (CAMS) C26) (C30) (CSRT)

- **V6.5:** Piano Pirrera (CAMS) C26) (C30) (C4-C7 - Schmettau) (CSRT)

- **V6.6: Casa Mastro (Calvisiana)** (C14) (C26) (13.302 G. Uggeri) (C12) (C29) (C4-C7 - Schmettau) (C12) (C30) (CSRT)

- **V6.7:** Passo delle Pantanelle (C26) (C30) (CSRT)

- **V6.8:** Priolo (3.476 B. Pace) (C30) (C26) (CSRT)

- **V6.9: Niscemi** (3.476 B. Pace) (C15A) (CAMS) (C30) (C26) (CSRT)

SELINUNTINA V6/1 - [11,9 km]

Tratto Acate per Calvisiana, corrispondente alla Regia Trazzera indicata con l'ID 44 nel SISTR.

SELINUNTINA V6/2 - [3,67 km]

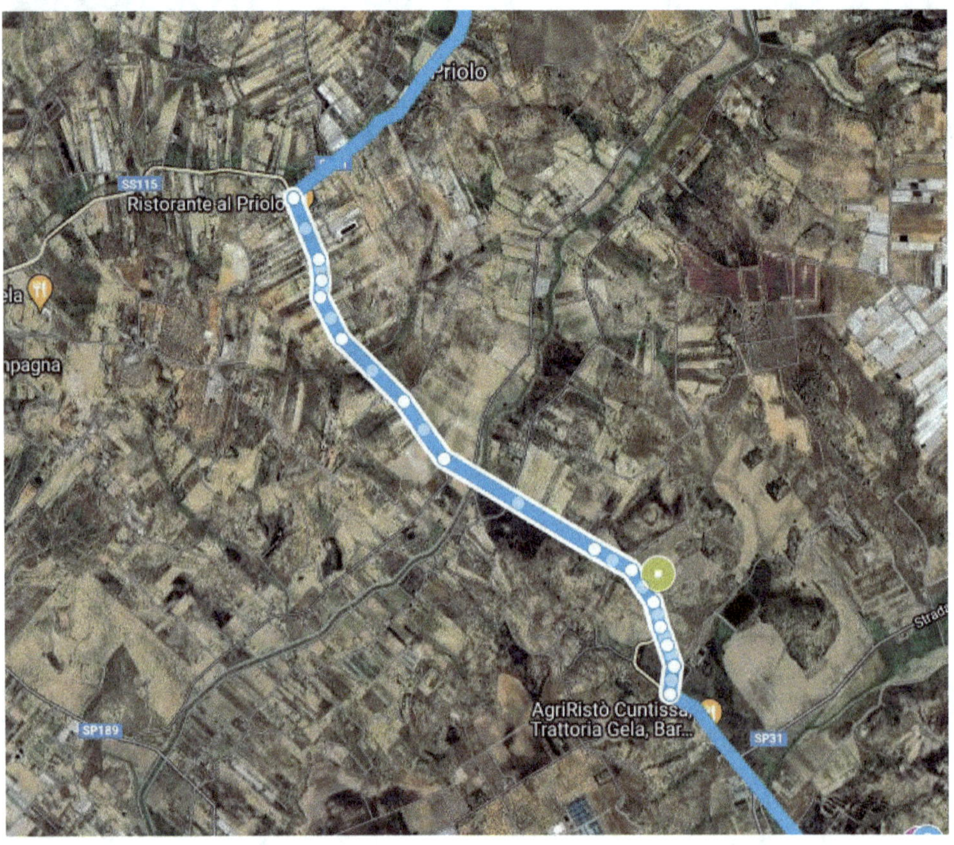

Tracciato Passo del Molino - Passo delle Pantanelle, presente nella viabilità storica e corrispondente al tracciato del XIX secolo (C26).

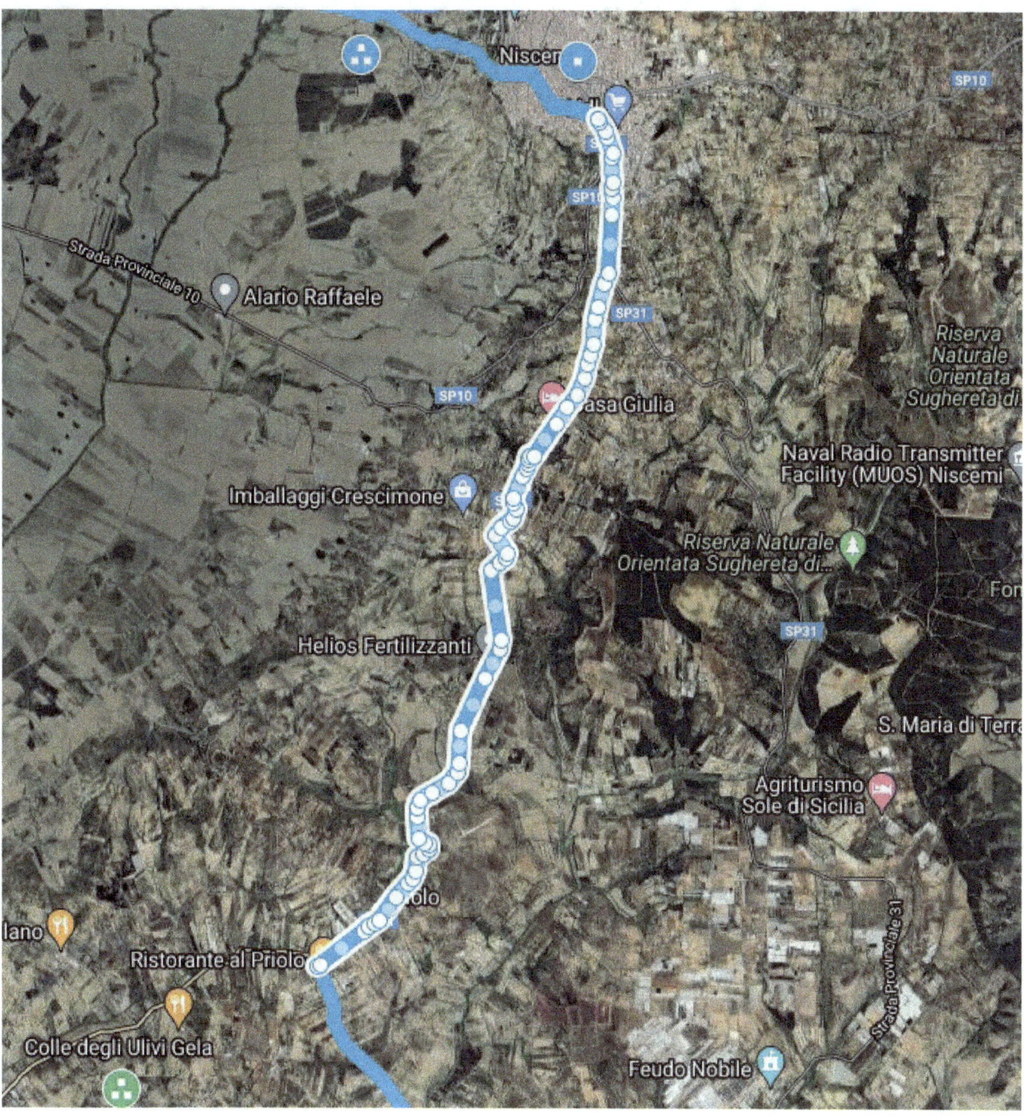

Tratto finale per Niscemi, corrispondente in parte alla Regia Trazzera indicata con l'ID 11 nel SISTR il resto è comunque presente nella viabilità storica e corrispondente al tracciato del XIX secolo (C26).

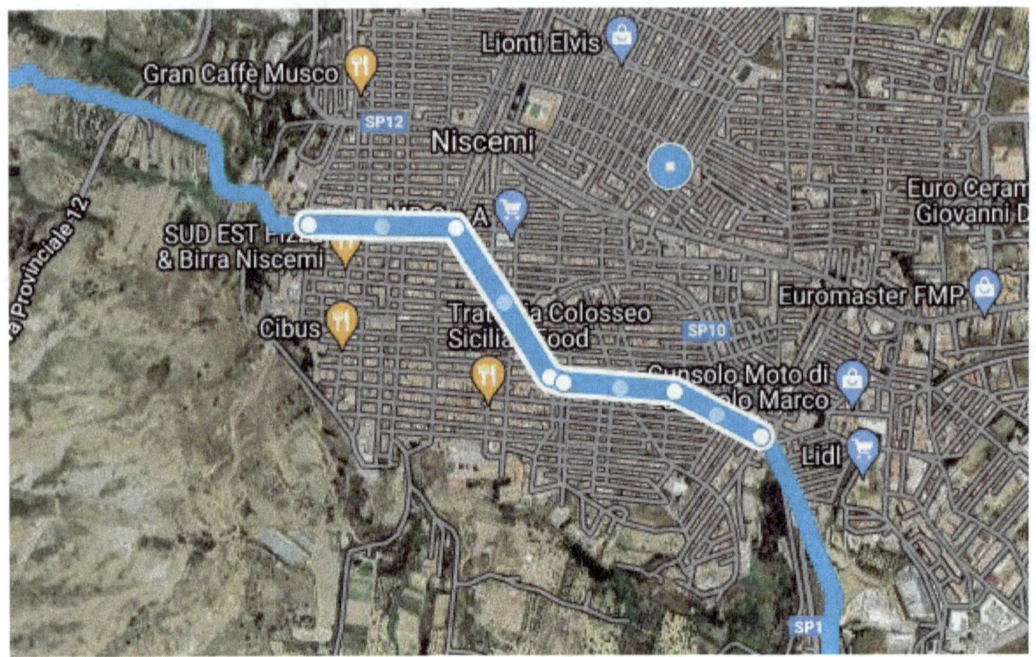

Tratto da me ricostruito a titolo orientativo

Siti archeologici individuati durante il percorso V6

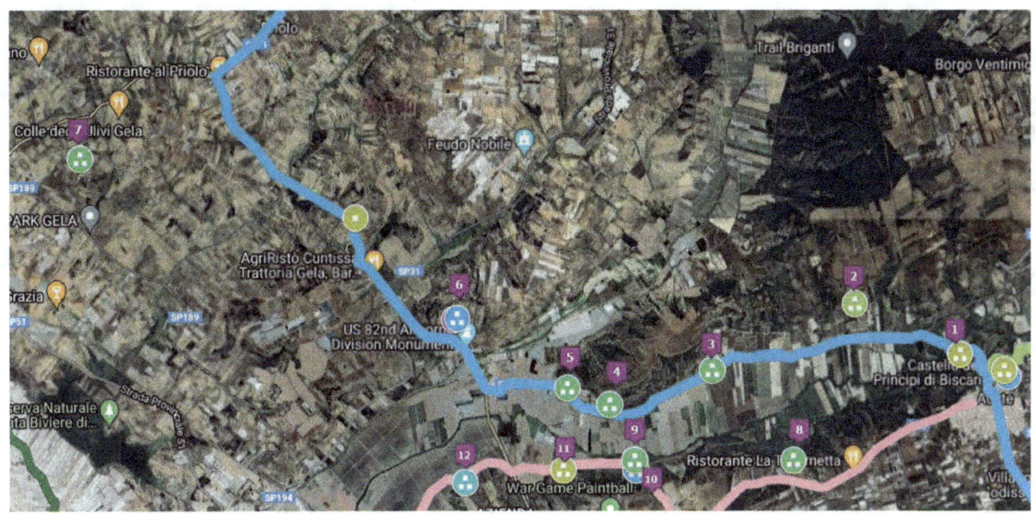

Elenco sintetico dei principali siti archeologici individuati nelle immediate vicinanze del percorso (per i dettagli e la geolocalizzazione dei singoli siti, si rimanda alle schede catalogate all'interno della CAMS).

1) Torrevecchia

Resti di un castello medievale risalente al XII e XIII secolo.

2) Litteri

Necropoli tardo classica – ellenistica (III – II sec. a. C.)

3) Case Caruso

Reperti ceramici di epoca repubblicana e romana imperiale (I-II-III sec. d.C.).

4) Contrada Iacono

Ruderi di villa rustica (II – III sec. d. C.)

5) Piano Pirrera

Necropoli di periodo romano (III sec. d.C.).

6) Casa Mastro (Calvisiana?)

Insediamento del periodo romano imperiale (II sec. d.C.), probabilmente identificabile come la Statio Calvisiana; Necropoli con ipogei e sarcofagi monolitici di epoca cristiano-bizantina e frammenti ceramici del periodo arabo. Rinvenimenti di bolli laterizi con le iscrizioni CAL/CALVI e SIRE suggeriscono che possa trattarsi della "Mansio Calvisana".

7) Spinasanta

Necropoli con tombe dell'epoca greco-arcaica

I seguenti siti probabilmente ricadono nella trasversale Acate – Kamarina che a sua volta si ricongiunge con la Via Maritima loca. Questi tratti saranno descritti in un prossimo volume

8) Codda – Pezza Grande

Resti di una fattoria romana (II sec. d.C.).

9) Pavone – Casale

Strutture di un acquedotto del periodo romano.

10) Contrada di Casale

Ruderi di una fattoria romana (III sec. d.C.). I resti includono quelli della cinta muraria fortificata dell'antico borgo di Odogrillo, conosciuto localmente come "u casali". Nell'area sono state scoperte anche tombe romane, monete dall'epoca arabo-normanna fino al periodo aragonese.

11) Tatappi

Scoperte sparse di ceramiche in un sito che fu un villaggio. Queste appartengono alla cronologia delle facies di Thapsos del XIV – XIII sec. a.C.

12) Cozzo Cicirello

Area archeologica di Cozzo Cicirello con resti di una villa rustica romana imperiale e sovrastrutture bizantine.

Un frammento di pavimento musivo caratterizzato da formelle ottagonali e da immagini di soggetti animali e antropomorfi del V-VI secolo d.C. è stato sottratto e successivamente recuperato all'interno di un'autovettura a Monaco di Baviera.

2.10 Tratto V7 (Niscemi - Butera)

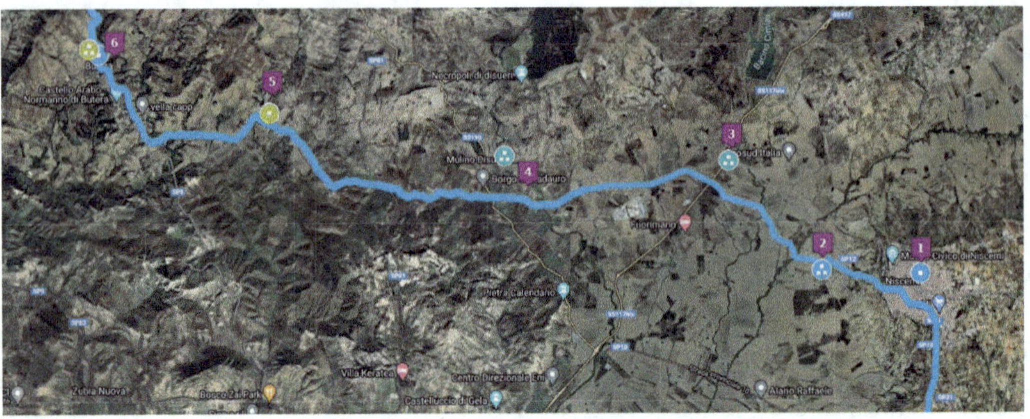

- **V7.1: Niscemi** (3.476 B. Pace) (CSRT)

- **V7.2:** Petrusa (CAMS) (C30) (C26) (CSRT)

- **V7.3:** Piano Camera (CAMS) (C30) (C26) (CSRT)

- **V7.4:** Contrada Dessueri (CAMS) (C30) (C26) (CSRT)

- **V7.5:** Contrada Pozzillo (C30) (C26) (CSRT)

- **V7.6: Butera** (C4-C7 - Schmettau) (3.476 B. Pace) (CAMS)

SELINUNTINA V7/1 - [8,17 km]

Tratto Niscemi – Contrada Dessueri, corrispondente in parte alla Regia Trazzera indicata con l'ID 15 nel SISTR.

SELINUNTINA V7/2 - [11,4 km]

Tratto Contrada Dessueri – Contrada Seggio (Butera), corrispondente in parte alla Regia Trazzera indicata con l'ID 26 nel SISTR.

SELINUNTINA V7/3 - [2,38 km]

Tratto Contrada Seggio - Butera, corrispondente in parte alla Regia Trazzera indicata con l'ID 24 nel SISTR.

Siti archeologici individuati durante il percorso V7

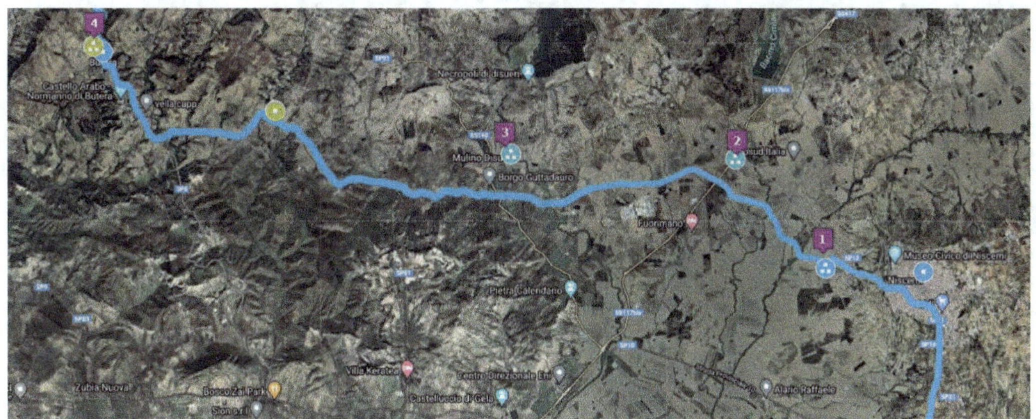

Elenco sintetico dei principali siti archeologici individuati nelle immediate vicinanze del percorso (per i dettagli e la geolocalizzazione dei singoli siti, si rimanda alle schede catalogate all'interno della CAMS).

1) Petrusa

Utilizzo del sito dal III sec. a.C.; presenza di una villa e di un sepolcro romano-imperiale dell'epoca di Tiberio, con utilizzo continuato fino al IV sec. d.C.

2) Piano Camera

Area utilizzata dalla preistoria fino al VI sec. a.C. e in epoca ellenistico-romana (III – I sec. a.C.); comprende una fattoria del periodo romano-imperiale (II – III sec. d.C.) e un insediamento rurale del tardo antico (IV – V sec. d.C.).

3) Contrada Dessueri

Insediamento rurale del tardo antico risalente al VI sec. d.C.

4) Piano della Fiera

Necropoli con tombe scavate nella roccia risalenti al IX-VIII sec. a.C. (Pantalica Sud, Finocchito, S. Angelo-Polizzello), con riti misti greco-indigeni (incinerazioni e inumazioni con ceramica protocorinzia); inoltre, tombe ellenistiche.

- **V8.1:** Butera (C4-C7 - Schmettau) (3.476 B. Pace) (CAMS)

- **V8.2:** Fiume di Mallo (CAMS) (C30) (C26) (CSRT)

- **V8.3**: Monte Priorato (pressi) (CAMS) (C30) (C26) (CSRT)

- **V8.4**: Riesi (3.476 B. Pace) (CAMS) (C30) (C26) (CSRT)

- **V8.5**: Monte Bosco/Monte Oliveto/Serra Perciata (pressi) (CAMS) (C30) (C26) (CSRT)

- **V8.6**: Ravanusa (Monte Saraceno) (3.476 B. Pace) (CAMS) (C26) (C30) (CSRT) (Calloniana? A. Holm 22.484)

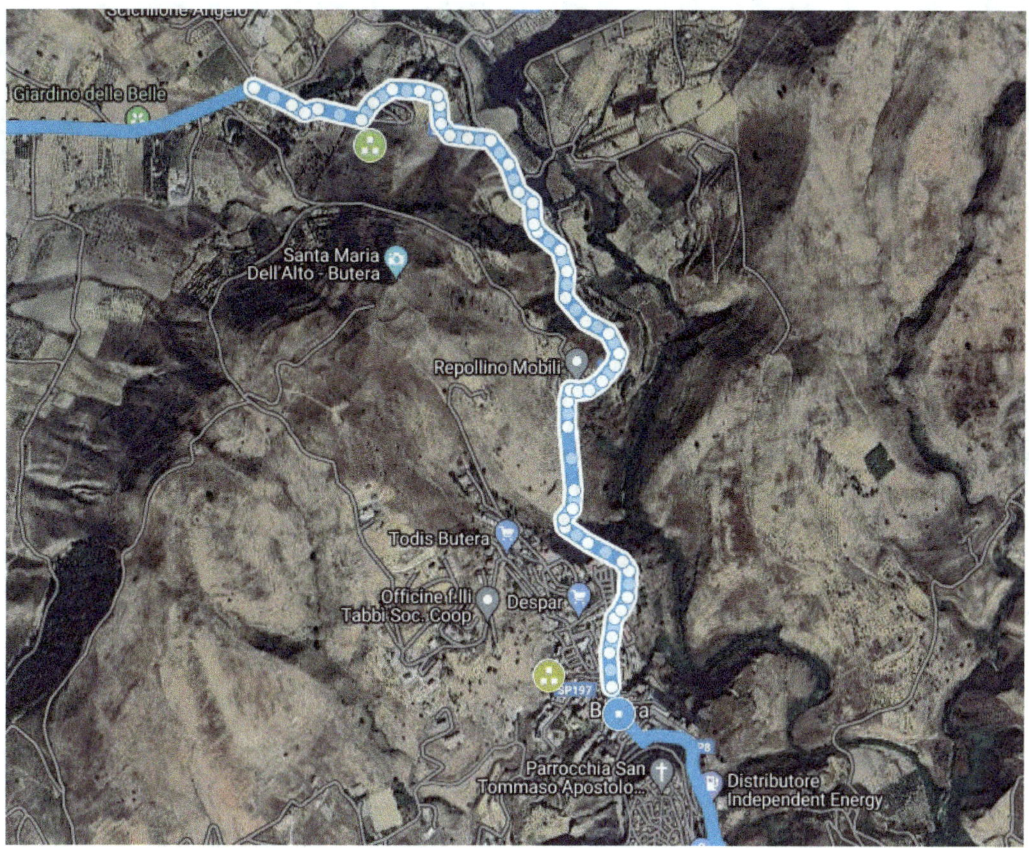

Il tratto Butera – Santa Maria dell'Alto corrisponde alla Regia Trazzera indicata nel SISTR con l'ID 31, estendendosi nella parte finale lungo un breve segmento della trazzera con ID 32.

Tratto di Monte Priorato, presente nella viabilità storica e corrispondente al tracciato del XIX secolo (C26).

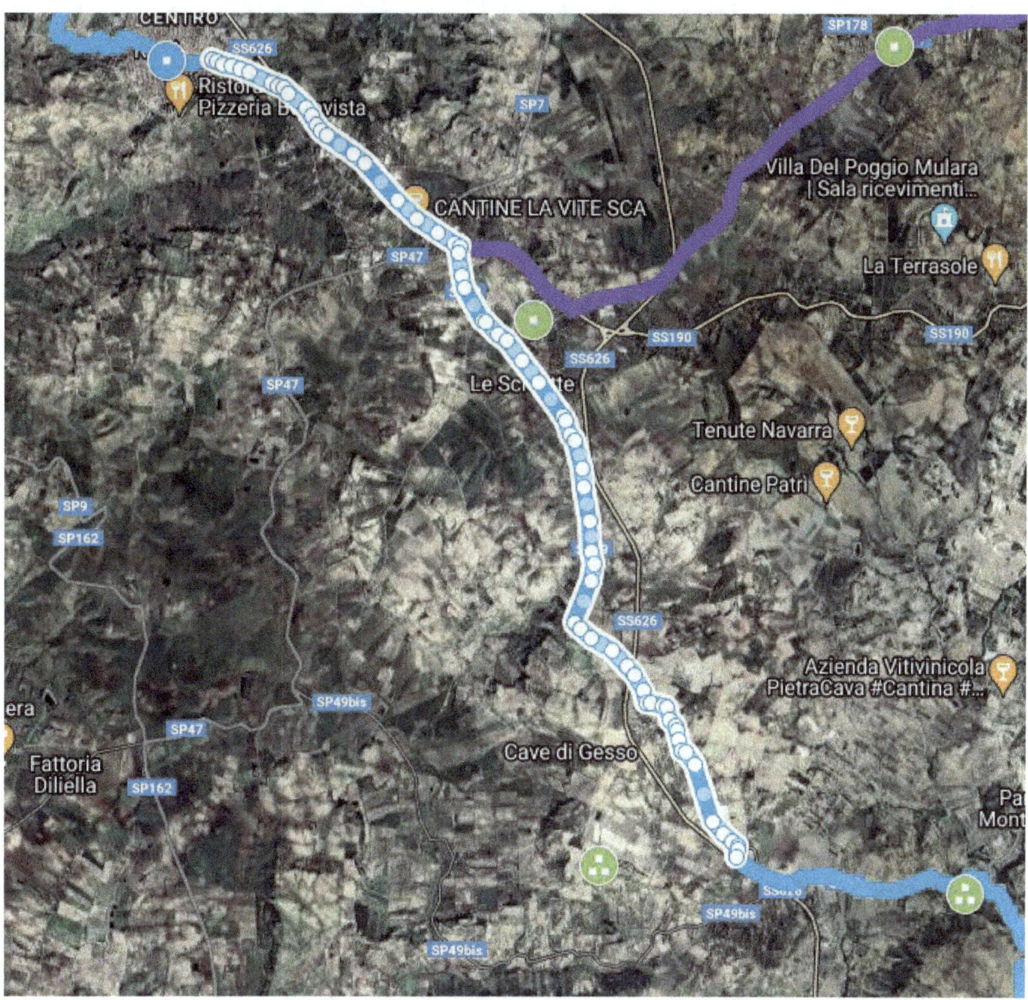

Tratto per Riesi corrispondente alla Regia Trazzera indicata con l'ID 17 nel SISTR.

SELINUNTINA V8/4 [0,936 km]

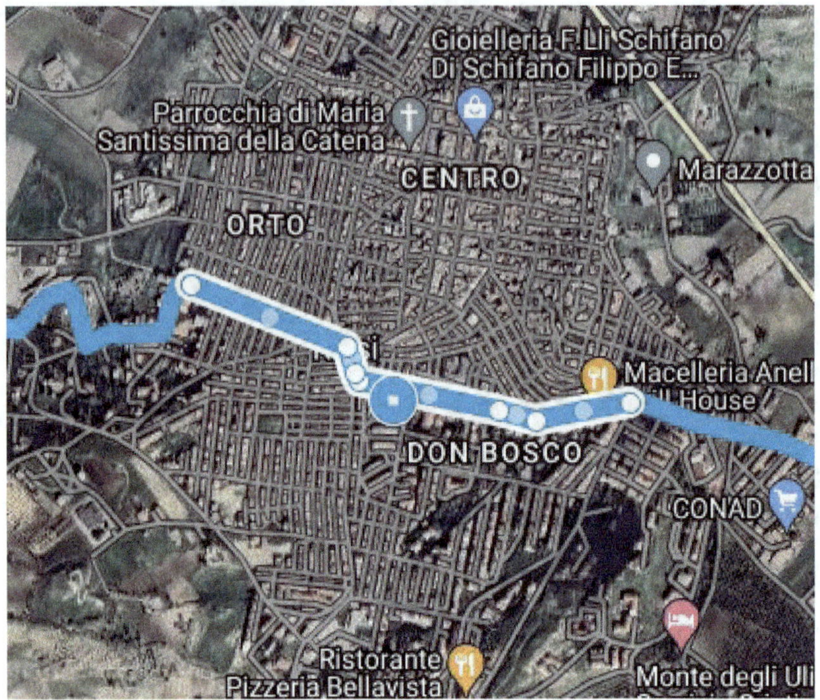

Tratto di Butera da me riscostruito a titolo orientativo

SELINUNTINA V8/5 - [11,7 km]

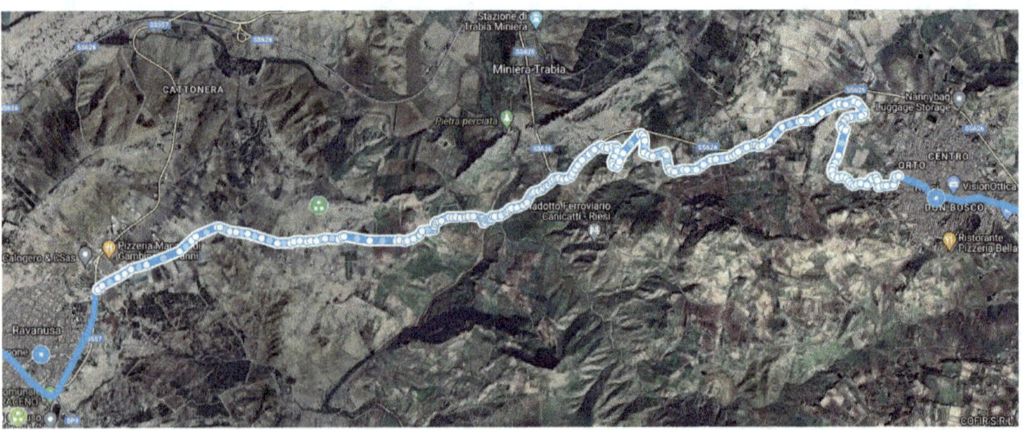

Tratto Riesi - Butera, corrispondente alle Regie Trazzere indicate con l'ID 22 e 41 nel SISTR.

Siti archeologici individuati durante il percorso V8

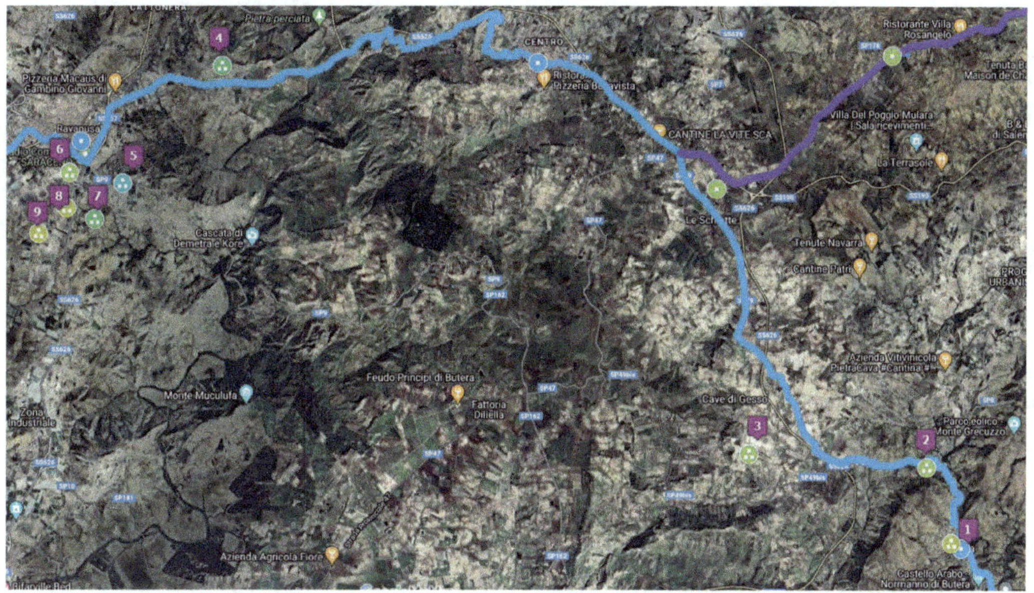

Elenco sintetico dei principali siti archeologici individuati nelle immediate vicinanze del percorso (per i dettagli e la geolocalizzazione dei singoli siti, si rimanda alle schede catalogate all'interno della CAMS).

1) Piano della Fiera

Già descritto in precedenza.

2) Fiume di Mallo

Zona sacra risalente alla seconda metà del V secolo a.C.

3) Monte Priorato

Villaggio e necropoli con grotticelle dell'età del bronzo antico (2200-1400 a.C.); insediamenti (fattorie) e frammenti di ceramica del corinzio medio greco-arcaico del VI secolo a.C.; resti di strutture ellenistiche.

4) Necropoli di P. del Conte Bosco/M. Oliveto/Serra Perciata

Quest'area estesa su un costone roccioso che include tre picchi di modesta elevazione (max 359 metri s.l.m.): Poggio del Conte Bosco, Monte Oliveto e Serra Perciata, notevoli per l'importanza paesaggistica. Sul versante meridionale sono presenti numerose tombe a grotticella dell'età del bronzo e frammenti di ceramica dello stesso periodo. Sul versante occidentale si trovano frammenti di ceramica greca arcaica e classica, e lungo le pendici si trovano tracce di ceramica ellenistico-romana e medievale.

5) Monte Saraceno

Sito di un antico insediamento indigeno-greco con evidenze che spaziano dalla preistoria all'ellenismo. Sulla cima si conservano capanne preistoriche e l'acropoli della città greca fondata a metà del VI secolo a.C., circondata da edifici sacri e mura. I resti dell'abitato del VI secolo a.C. si trovano nel terrazzo mediano, mentre il terrazzo inferiore ospitava l'abitato del V secolo a.C. con una pianificazione urbana regolare. Le necropoli della città erano situate fuori delle mura, a est e ovest.

6) Necropoli di via Olimpica

Ampia area pianeggiante vicino al centro moderno, recentemente urbanizzata. Le tombe, esplorate negli anni '90, hanno fornito corredi di grande valore storico-artistico, datati tra il VI e il V secolo a.C., a circa un chilometro da Monte Saraceno.

7) Monte Rosso

Il sito copre la cima e le pendici del monte, attualmente area agricola. Le modifiche agricole recenti hanno alterato il paesaggio, con tracce evidenti di sbancamenti. Le pendici presentano frammenti di ceramica greca arcaica e classica.

8) Sottocolombo - 9) Sottocolombo-Casa Gallo

Zone con frammenti sparsi.

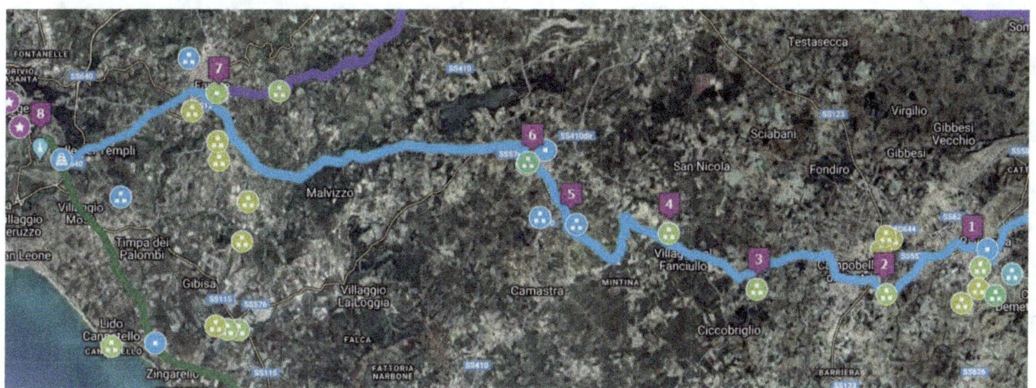

- V9.1: **Ravanusa** (Monte Saraceno) (3.476 B. Pace) (C15A) (CAMS) (C26) (C30) (CSRT) (Calloniana? A. Holm 22.484)

- V9.2: Contrada Milici (C26) (CAMS) (C26) (C30) (CSRT)

- V9.3: Contrada Tre Fontane (CAMS) (C30) (CSRT)

- V9.4: Case Schembari (pressi) (CAMS) (C30) (CSRT)

- V9.5: Castellazzo di Camastra (pressi) (CAMS) (CSRT)

- V9.6: Naro (3.476 B. Pace) (CAMS) (C15A) (CSRT) (Corconiana?) (A. Holm 22.484)

- V9.7: Favara (3.476 B. Pace) (C15A) (CSRT)

- V9.8: **Agrigento** (3.475 B. Pace) (C4-C7 - Schmettau) (C13) (C14) (C30) (C15A) (CSRT)

Tratto Ravanusa – Campobello di Licata, presente nella viabilità storica e corrispondente al tracciato del XIX secolo (C26).

SELINUNTINA V9/2 - [1,57 km]

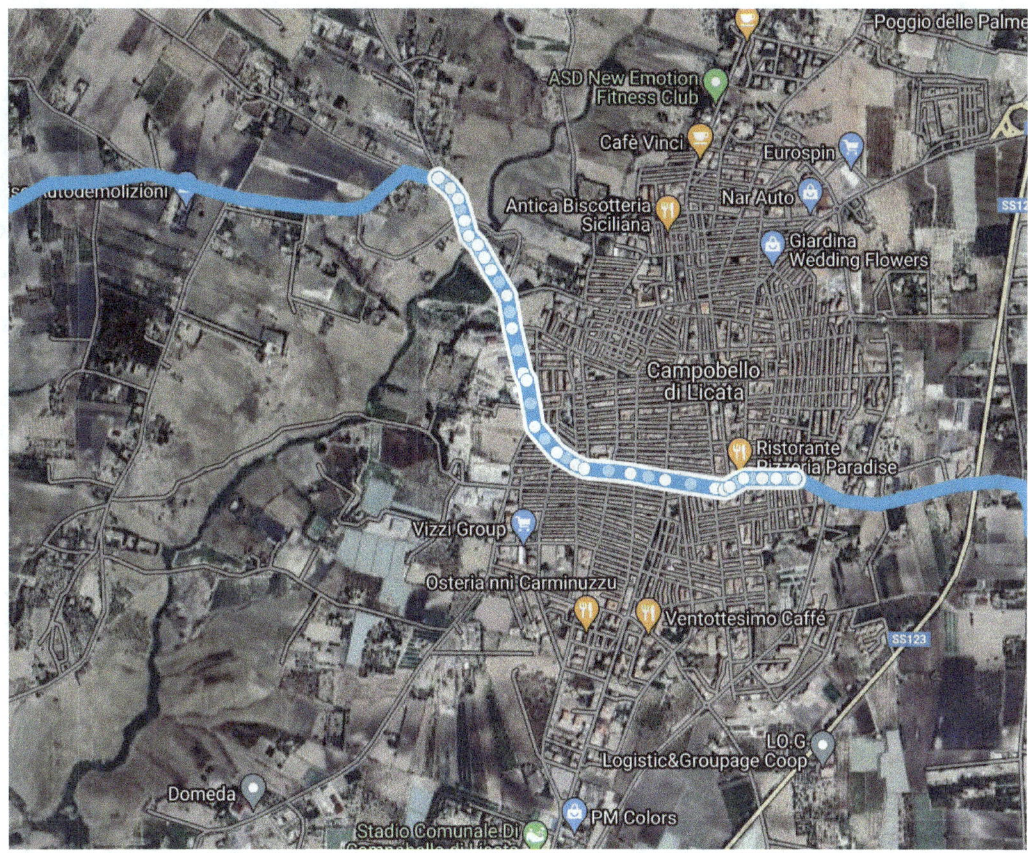

Ricostruzione Campobello di Licata

SELINUNTINA V9/3 - [8,42 km]

Tratto Campobello di Licata – Case Schembari, corrispondente alla Regia Trazzera Naro – Campobello.

SELINUNTINA V9/4 - [7,14 km]

Tratto per Naro, presente nella viabilità storica e corrispondente al tracciato del XIX secolo (C26).

SELINUNTINA V9/5 - [13,1 km]

Tratto Naro-Favara, corrispondente alle Regie Trazzere indicate con l'ID 36 e 34 nel SISTR.

Favara - Ricostruzione [690 m]

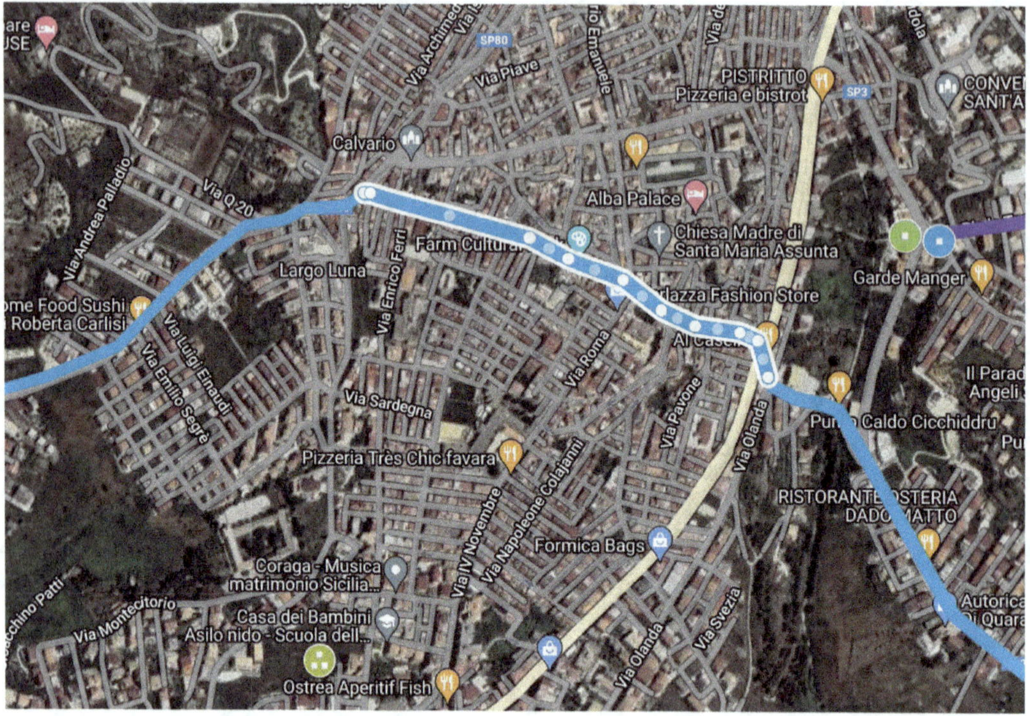

SELINUNTINA V9/6 - [5,47 km]

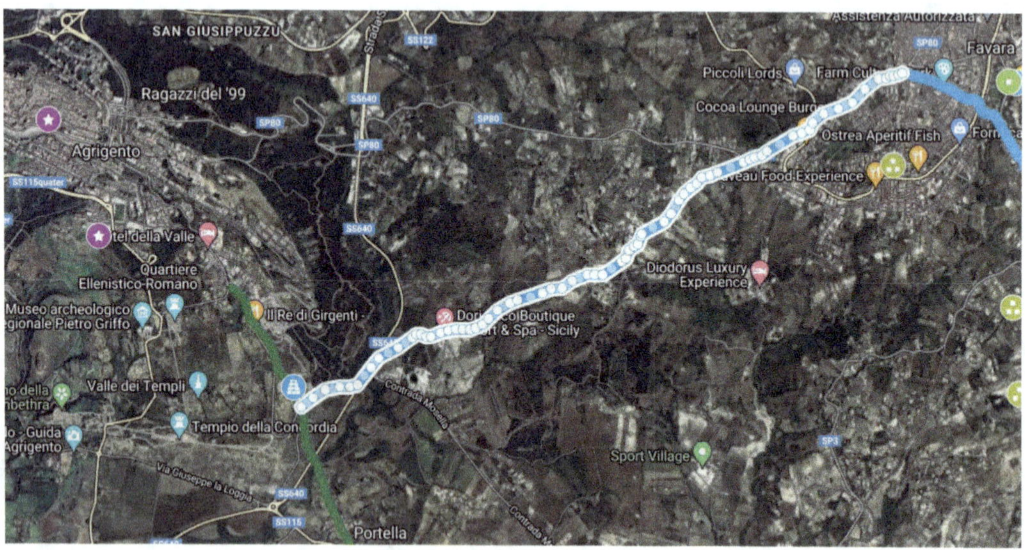

Tratto Favara - Agrigento, corrispondente in parte alla Regia Trazzera San Biagio

Siti archeologici individuati durante il percorso V9

Elenco sintetico dei principali siti archeologici individuati nelle immediate vicinanze del percorso (per i dettagli e la geolocalizzazione dei singoli siti, si rimanda alle schede catalogate all'interno CAMS).

1) C.da Tre Ponti

Il sito copre tre aree distinte con alta densità di frammenti ceramici. Nell'area più ampia a nord della strada statale, si trovano frammenti di ceramica di età ellenistico-romana e imperiale; in un'altra zona ad est, si osservano rinvenimenti simili; infine, a nord della più grande, emergono sette tombe preistoriche a grotticella, riutilizzate in epoca bizantina. XXII sec. a.C.-XI sec. d.C.-II sec. a.C.

2) C.da Milici

Un'ampia area pianeggiante caratterizzata da una notevole quantità di frammenti ceramici, attribuibili agli periodi ellenistico-romano, tardo-romano e bizantino. Si notano anche resti di mura costruite con blocchi di calcare grezzo e un riparo sotto roccia recentemente adibito a ricovero animali.

3) C.da Tre Fontane

Un'estesa area pianeggiante con frammenti ceramici concentrati. Dal nord verso sud si distinguono resti di mura di epoca ellenistico-romana in piccoli blocchi di pietra; a sud-ovest, vicino a un affioramento di calcarenite, sono presenti numerose tombe a fossa di epoca tardo-romana; all'estremo sud, l'area è ricca di frammenti ceramici dell'età del bronzo. Bronzo/Età Greca Ellenistica/Romana -XXII sec. a.C. – IV sec. a.C.-V sec. d.C.

4) Case Schembari

Quest'area si estende lungo un vasto costone roccioso che va da nord a sud, a nord-ovest delle Case Schembari. Sono evidenti numerose tombe a grotticella artificiale, in particolare sul versante sud/sud-est. Bronzo – XXII-IX sec. a.C.

5) Castellazzo di Camastra

Situato sulla cima di un'altura, il sito presenta resti di strutture murarie di abitazioni e fortificazioni di epoca ellenistico-romana, oltre a una torre medievale. Sulle pendici della collina si trova una necropoli del bronzo. Bronzo/Età Medievale – XXII sec. a.C. – XIII sec. d.C.

6) C.da Balate

Un'area quasi completamente pianeggiante dove si trovano frammenti ceramici di età romana. Nella parte nord, una tomba ad arcosolio è stata adattata come nicchia per una statua sacra in epoca moderna. Età Romana Imperiale/Tardo Antica – I-VI sec.

7) Val Paradiso e C.da Canale-Grotta Meraviglie

- **Val Paradiso**. Questo sito si estende a sud-ovest del centro abitato attuale, caratterizzato dalla presenza di ambienti ipogeici di epoca paleocristiana
- **C.da Canale-Grotta Meraviglie**. La zona nota come Grotta delle Meraviglie presenta un corridoio fiancheggiato da arcosoli e loculi, che si estende per circa 20 metri in direzione nord-sud. Età Romana Paleocristiana.

8) Rocca Stefano

Su un costone roccioso, una necropoli rupestre con tombe ad arcosolio e tombe a fossa di età tardo antica. Si trovano anche vasti resti di ceramica e strutture murarie di epoca romana. Età Romana Tardoantica.

9) C.da Priolo- Pioppitello

Sul costone roccioso, tombe a grotticella dell'età del bronzo. Nel pianoro sottostante, frammenti ceramici dello stesso periodo. Età del Bronzo.

10) C.da Le Tre Rocche (grotta Ticchiara)

Deposito di materiali dell'età del bronzo antico. Età del Bronzo – facies di Castelluccio.

11) Favara/Casa Marrone

Piccolo affioramento calcareo circondato da nuove abitazioni, con resti di una necropoli con tombe a grotticella, già violate in antico. Bronzo.

12) La Montagna - Contrade Caltafaraci-Petrusa

Ampia area con resti di un insediamento dell'età del bronzo, capanne scavate nella roccia e una necropoli a grotticelle artificiali. Scavi archeologici hanno rivelato un centro greco del IV sec. a.C., vicino ad Agrigento, con funzioni militari e un'imponente struttura difensiva.

13) Porta II (Porte di Akrakas del VI sec. A.C)

La porta è una delle nove porte facente parte della struttura difensiva di Akrakas del VI sec. A.C.

- V10.1: **Agrigento** (3.475 B. Pace) (C4-C7 - Schmettau) (C13) (C14) (C30) (CSRT)

- V10.2: Contrada Addolorata Macello (CAMS) (C26) (CSRT)

- V10.3: Porto Empedocle (C26) (CSRT)

- V10.4: Contrada Durrueli (CAMS) (C26) (CSRT)

- V10.5: Casa Biondi (CAMS)

- V10.6: La Capreria (C26) (CSRT)

- V10.7: Contrada lo Mbiso (o Nbiso) (C26) (CSRT)

- V10.8: Sella Omomorto (CAMS)

- V10.9: **Cena (**Monteallegro) (C29 - Itinerarium Antonini) (22.484 - Holm) (C26) (CSRT)

SELINUNTINA V10/1 - [4,73 km] Ricostruzione

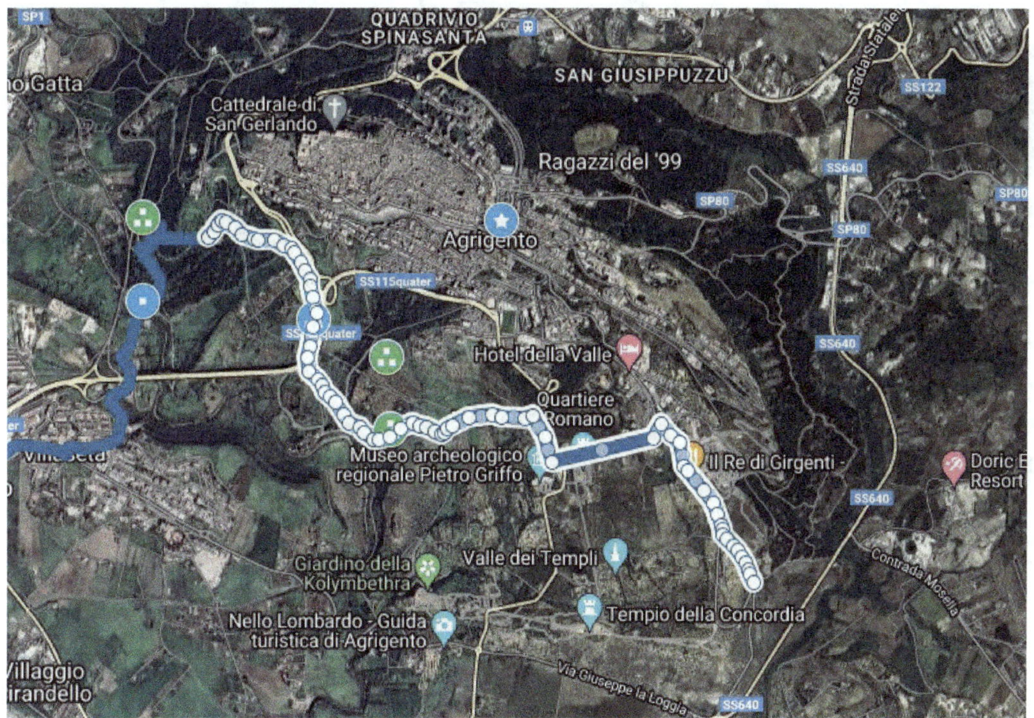

SELINUNTINA V10/2 - [5,04 km]

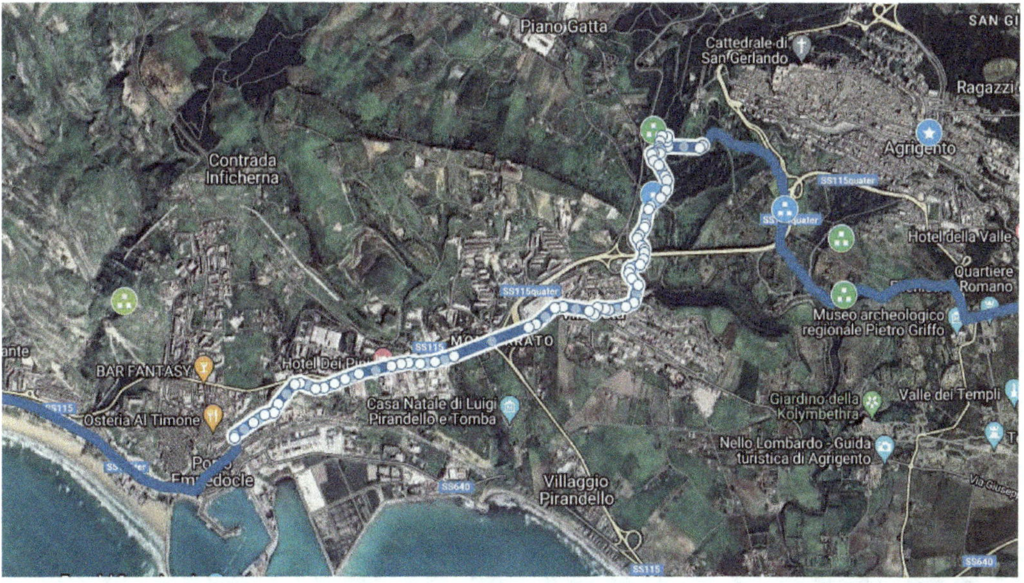

Tratto Agrigento - Porto Empedocle, presente nella viabilità storica e corrispondente al tracciato del XIX secolo (C26).

SELINUNTINA V10/3 - [7,42 km]

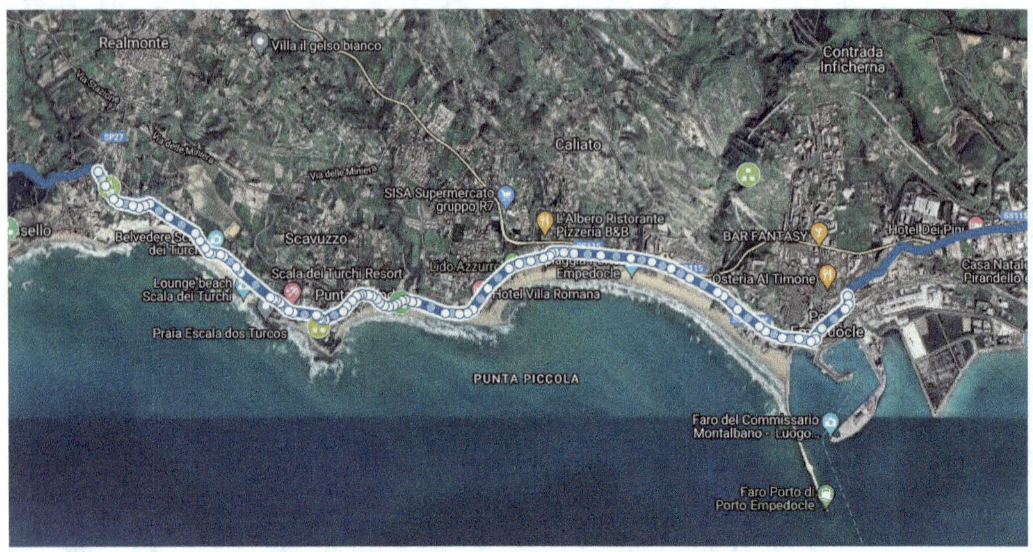

Tratto Porto Empedocle – Capo Rossello, presente nella viabilità storica e corrispondente al tracciato del XIX secolo (C26).

SELINUNTINA V10/4 - [2,93 km]

Ricostruzione orientativa

SELINUNTINA V10/5 - [4,33 km]

Tratto Pergole – Siculiana, presente nella viabilità storica e corrispondente al tracciato del XIX secolo (C26).

SELINUNTINA V10/6 - [2,73 km]

Tratto Siculiana – Belvedere Monte Stella, presente nella viabilità storica e corrispondente al tracciato del XIX secolo (C26).

SELINUNTINA V10/7 - [6,64 km]

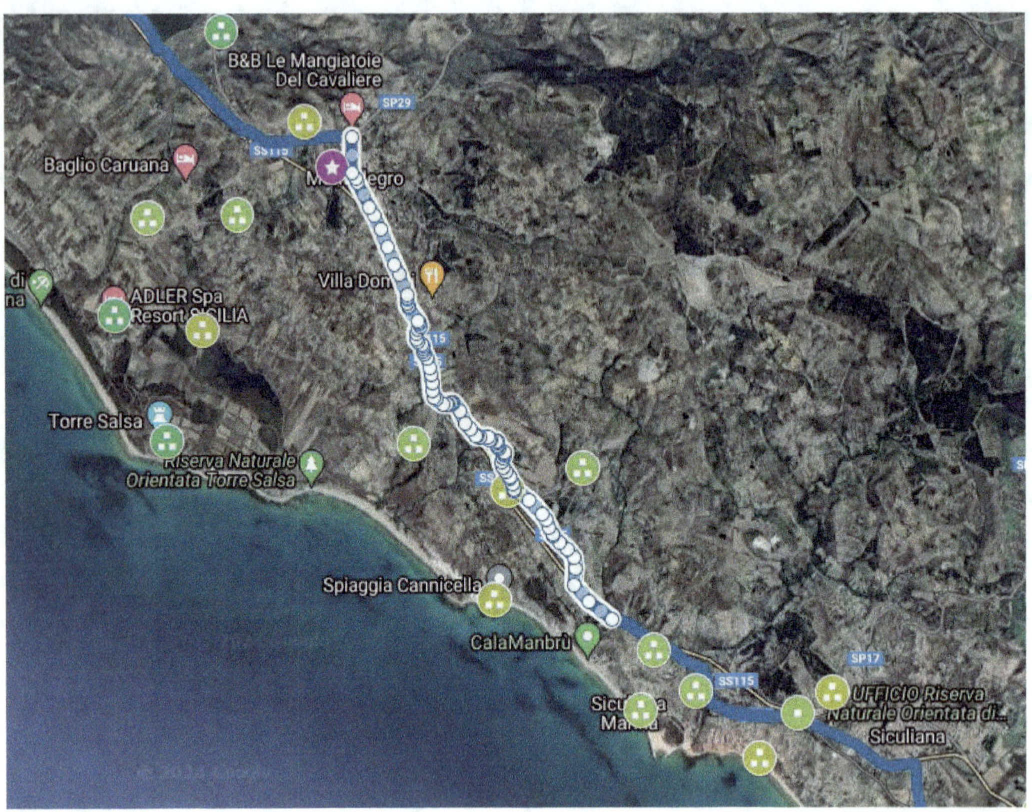

Tratto Belvedere Monte Stella - Montallegro, presente nella viabilità storica e corrispondente al tracciato del XIX secolo (C26).

Siti archeologici individuati durante il percorso V10

Elenco sintetico dei principali siti archeologici individuati nelle immediate vicinanze del percorso (per i dettagli e la geolocalizzazione dei singoli siti, si rimanda alle schede catalogate all'interno CAMS).

1) Porta VI e 2) Porta VII

Due delle nove porte che fanno parte delle fortificazioni di Akrakas del VI sec. a.C.

3) Necropoli di Contrada Pezzino

Una necropoli greca, probabilmente quella menzionata da Diodoro Siculo durante l'assalto cartaginese del 406 a.C., quando i monumenti funerari furono demoliti su ordine di Imilcone e Annibale. La necropoli è stata sistematicamente esplorata dal 1980 dal Prof. De Miro e dalla Soprintendenza di Agrigento.

4) Contrada Addolorata Macello

Un'area collinare con frammenti ceramici di età romana visibili, e tagli nella roccia che indicano possibili abitazioni rupestri, risalenti tra il I sec. a.C. e il V sec. d.C.

5) Necropoli di Monte Crasto

Una necropoli greca situata sulla cima e lungo le pendici di Monte Crasto. Al vertice si trovano resti di un edificio con muri di pietrame e malta cementizia, probabilmente medievale, circondato da frammenti di tegole e ceramica medievale. Età Romana Alto imperiale – I-II sec. d.C.

6) C.da Durrueli

Un'area vicino alla spiaggia con evidenti resti di una villa romana, separata dalla spiaggia da un grosso muro di conglomerato. A est, una piccola necropoli con sepolture contemporanee alla villa. Età Romana Alto imperiale – I-II sec. d.C.

7) Punta Grande

Tracce del Paleolitico Inferiore

8) Insediamento di Casa Biondi

Una zona vicina a Capo Rossello con una densa concentrazione di frammenti ceramici di epoche preistorica e greca. Bronzo/Età Greca – I millennio-IV sec. a.C.

9) Capo Rossello

Un'ampia area a circa 80 metri sul livello del mare, che declina verso la costa occidentale. La superficie rivela frammenti ceramici di diverse epoche e resti di strutture murarie. Scavi nel 2004 hanno rivelato un insediamento ellenistico costruito su una necropoli preistorica.

10) Monterosso-Centosalme

Frammenti ceramici romani e medievali e i resti di una fortificazione medievale.

11) Monte Capreria

Tombe ad arcosolio di età tardo-romana. Età Romana Tardoantica

12) Siculiana marina

Area di frammenti ceramici di età compresa tra il V e il III sec. a.C.(ceramica acroma e a vernice nera, tegoli). Età Greca

13) Necropoli di Lo Mbiso (o Nbiso)

Tombe ad arcosolio scavate su un bancone roccioso. Età Romana Tardoantica

14) Sella Omomorto

Area di frammenti di età preistorica. Età Preistorica.

15) Balzo Garebici

Tombe ad arcosolio scavate su un bancone roccioso. Età Romana Tardoantica

16) Area di frammenti di Casa Cannicella

Area di frammenti ceramici di epoca greca, romana e medievale.

I seguenti siti potrebbero suggerire una variante più vicino al mare fino Eraclea Minoa

17) C.da Pietre cadute

Tombe ad arcosolio scavate su un costone roccioso prospiciente il mare. Età Romana Tardoantica

18) Siculiana marina

Necropoli Età Romana Tardoantica

19) Area di frammenti di Monte Stella

Area di frammenti ceramici di età tardo-romana

20) Area di frammenti di Torre Salsa

Area di frammenti ceramici di età compresa tra il V e il III sec. a.C.

- V11.1: **Cena** (Monteallegro) (C29 - Itinerarium Antonini) (3.473 B.Pace) (22.484 - Holm) (C26) (CSRT)

- V11.2: Laghetto del Gorgo (C26) (C30) (CSRT)

- V11.3: La Collinetta (C30) (C26 – Strada di Sciacca) (CAMS) (12.303 – G. Uggeri) (CSRT)

- V11.4: Borgo Bonsignore (CAMS)

- V11.5: Casa Campello (pressi) (CAMS)

- V11.6: **Allava** (Contrada Verdura) (C29 - Itinerarium Antonini) (C4-C7 - Schmettau) (3.473 B. Pace) (22.484 – Holm -forse Ribera) (CAMS) (C26) (CSRT)

- V11.7: Contrada Salinella (CAMS)

- V11.8: Contrada Lumia (CSRT) (CAMS)

- V11.9: **Sciacca** (Acquas Larodes o Acquae Labodes) (C29 - Itinerarium Antonini) (C28 - Tabula Peuntingeriana) (C4-C7 - Schmettau) (3.473 – B. Pace) (22.485 - Holm) (11.37 – G. Uggeri) (12.303 – G. Uggeri) (CSRT)

SELINUNTINA V11\1 - [5,90 km]

Tratto Montallegro – La Collinetta, corrispondente in parte alla Regia Trazzera di Sciacca (ID 172 – SISTR), presente nella viabilità storica e corrispondente al tracciato del XIX secolo (C26).

SELINUNTINA V11\2 - [23,2 km]

Tratto La Collinetta - Sciacca, presente nella viabilità storica e corrispondente al tracciato del XIX secolo (C26).

Siti archeologici individuati durante il percorso V11

Elenco sintetico dei principali siti archeologici individuati nelle immediate vicinanze del percorso (per i dettagli e la geolocalizzazione dei singoli siti, si rimanda alle schede catalogate all'interno CAMS).

1) Monte del Lupo

Necropoli eneolitica

2) Case Caruana

Area di frammenti ceramici di età greca e romana.

3) Casa Iacono

Area di frammenti ceramici risalenti al periodo tra il IV secolo a.C. e il II secolo d.C. (ceramica acroma e a vernice nera, terra sigillata africana A, casseruole di produzione africana).

4) Il Pantano

Tombe ad arcosolio scavate nella roccia. Età Romana Tardoantica

5) Azienda Salso

Area di frammenti ceramici di età compresa tra il V e il III sec. a.C.(ceramica acroma e a vernice nera, tegoli). Età Greca

6) Contrada Bovo Marino

Necropoli eneolitica

7) Poggio Campanaio

Alta concentrazione di frammenti prevalentemente di età ellenistica e romana imperiale, con alcuni frammenti di età greca (V secolo a.C.). Necropoli con tombe ad arcosolio di età bizantina.

8) La Collinetta

Area pianeggiante a nord-est della collina di Eraclea Minoa, con numerosi frammenti ceramici di tarda età antica sparsi sul terreno. Età Romana Paleocristiana - V-VII sec. d.C.

9) Eraclea Minoa

Città greca che si estende su un ampio altopiano alla sinistra del fiume Platani (antico Halykos). La città fu costruita intorno al VI secolo a.C., ma i resti visibili oggi sono dell'epoca ellenistica. Comprende l'imponente cinta muraria, buona parte dell'abitato, il teatro e l'area sacra. A nord della città si trova la necropoli arcaica e un insediamento di epoca tardoantica con una basilica paleocristiana. Sul versante nord-orientale si trovano altre necropoli con tombe ad arcosolio.

10) Borgo Signore

Insediamento abitativo di età romano-arcaica con necropoli parzialmente scavata; lungo il limite meridionale del pianoro si trovano frammenti ceramici datati tra il IV secolo a.C. e il VII secolo d.C. (ceramica a vernice nera, terra sigillata orientale A, terra sigillata africana A).

11) Casa Gerlanda

Area di frammenti di ceramica di epoca preistorica e frammenti di strumenti in selce ed ossidiana. Età Preistorica (eneolitico?)

12) Casa Campello

Insediamento abitativo di età romano-arcaica con necropoli parzialmente scavata; frammenti ceramici risalenti al periodo tra il IV secolo a.C. e il VII secolo d.C. (ceramica a vernice nera, terra sigillata orientale A, terra sigillata africana A).

13) Contrada Verdura

Insediamento di età tardo antica

14) Torre Makauda

Torre costiera cinquecentesca con presenza di ceramica medievale nelle vicinanze.

15) Contrada Salinella

Tomba a grotticella, insediamento rupestre, ceramica di età preistorica e bizantina.

16) Contrada S. Giorgio

Area collinare con presenza di frammenti ceramici di età protostorica.

17) Dolmen di Sciacca

Contrada San Giorgio. Monumento dolmenico con doppia camera e lucernaio. Frammenti ceramici di impasto grezzo di età preistorica, alcuni frammenti di ceramica invetriata marrone e acroma. Bronzo antico?

18) Contrada Carabollace

Località Monte Rotondo, in prossimità della foce del torrente Carabollace, quasi a ridosso della battigia.

19) Torre del Barone

Torre di avvistamento cinquecentesca con ceramica medievale nelle immediate vicinanze.

20) Terme di Sciacca

Grotte e Ripari

- V12.1: **Sciacca** (Acquas Larodes o Acquae Labodes) (C29 - Itinerarium Antonini) (C28 - Tabula Peuntingeriana) (C4-C7 - Schmettau) (3.473 B. Pace) (22.485 – Holm) (11.37 - G. Uggeri) (12.303 - G. Uggeri) (CSRT)

- V12.2: Foce del Carboj/Località Maragni (C30) (C26) (CAMS) (CSRT)

- V12.3: Foce del Varvaro (C30) (C26) (CAMS) (CSRT)

- V12.4: Contrada Malopurtetto (C30) (C26) (CAMS) (CSRT)

- V12.5: Contrada Cavallaro/Dimina

- V12.6: Contrada Guglitti (CAMS) (C26) (CSRT)

- V12.7: **Fl Lanaricum** (Selinis) (ora Fiume Modione) (C29 - Itinerarium Antonini) (C4-C7 - Schmettau) (3.473 B. Pace) ("sul fiume selinunte" 22.485 – Holm)

- V128: Campobello di Mazara (Erbe Bianche – Santo Monte) (CAMS) (C26) (C4-C7) (C27) (CSRT)

- V12.9: Contrada S. Nicola (C26) (CAMS) (C30) (CSRT)

- V12.10: Dubesi (C26) (CAMS) (C30) (CSRT)

- V12.11:Mazzara del Vallo (Mazaris) (C29 - Itinerarium Antonini) (3.473 B. Pace) (C26) (C30) (C4-C7 - SCHMETTAU -C7 - Schmettau) (C27) (CSRT)

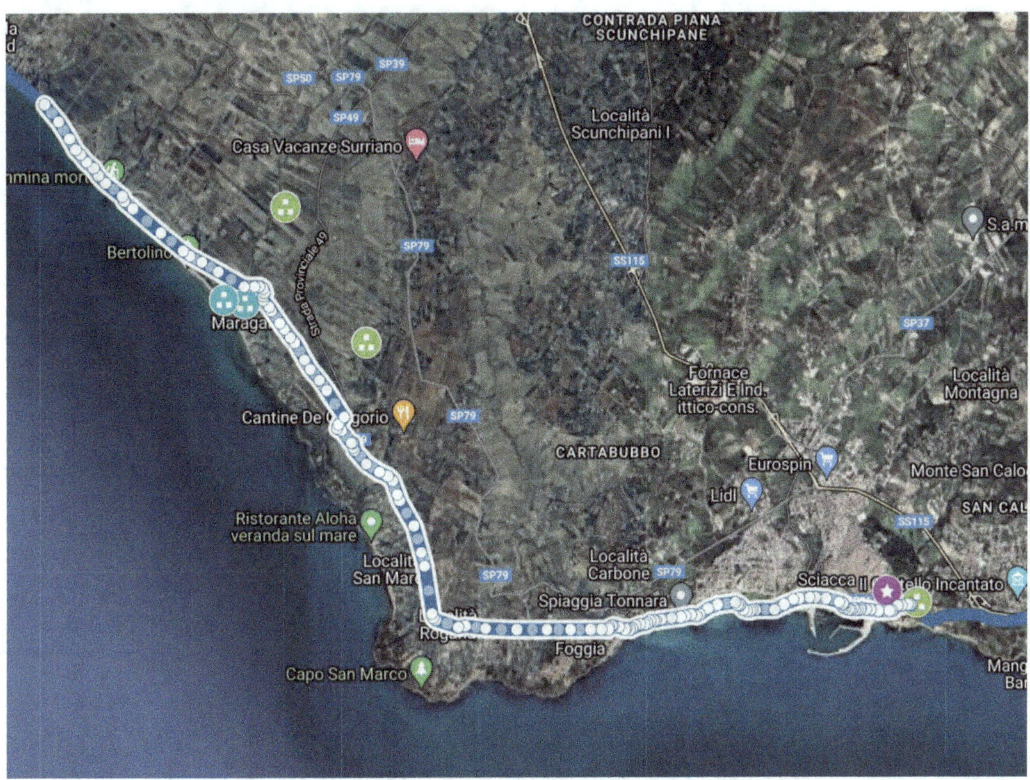

Tratto Sciacca – Contrada Fiori Sud, corrispondente in parte ad un tratto della regia trazzera Margani (ID 64 – SISTR), presente nella viabilità storica e corrispondente al tracciato del XIX secolo (C26).

Tratto Contrada Fiori Sud - Bivona, corrispondente in parte ad un tratto della regia trazzera Margani (ID 214 – SISTR), presente nella viabilità storica e corrispondente al tracciato del XIX secolo (C26).

SELINUNTINA V12\3 - [3,61 km]

Tratto Bivona – Tenuta Ferlito Selinunte presente nella viabilità storica e corrispondente al tracciato del XIX secolo (C26).

SELINUNTINA V12\4 - [26,2 km]

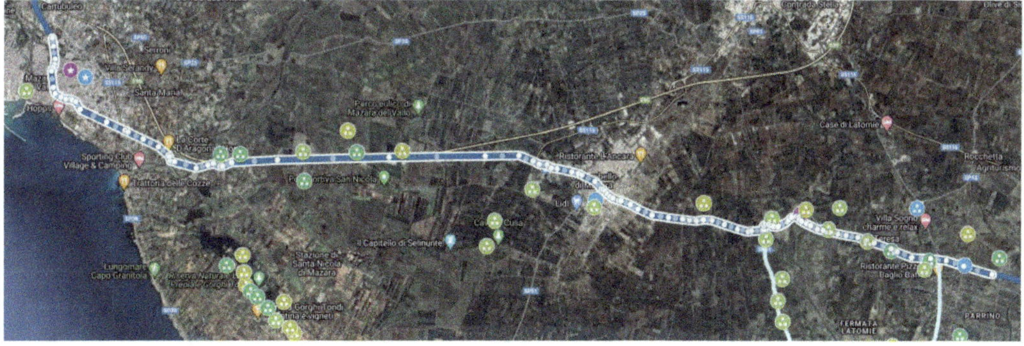

Tratto Tenuta Ferlito Selinunte – Campobello di Mazara – Mazara del Vallo, presente nella viabilità storica e corrispondente al tracciato del XIX secolo (C26).

Siti archeologici individuati durante il percorso V12

Elenco sintetico dei principali siti archeologici individuati nelle immediate vicinanze del percorso (per i dettagli e la geolocalizzazione dei singoli siti, si rimanda alle schede catalogate all'interno CAMS).

Visto il lungo percorso ho suddiviso i siti in tre gruppi:

Tratto Sciacca – Bivona

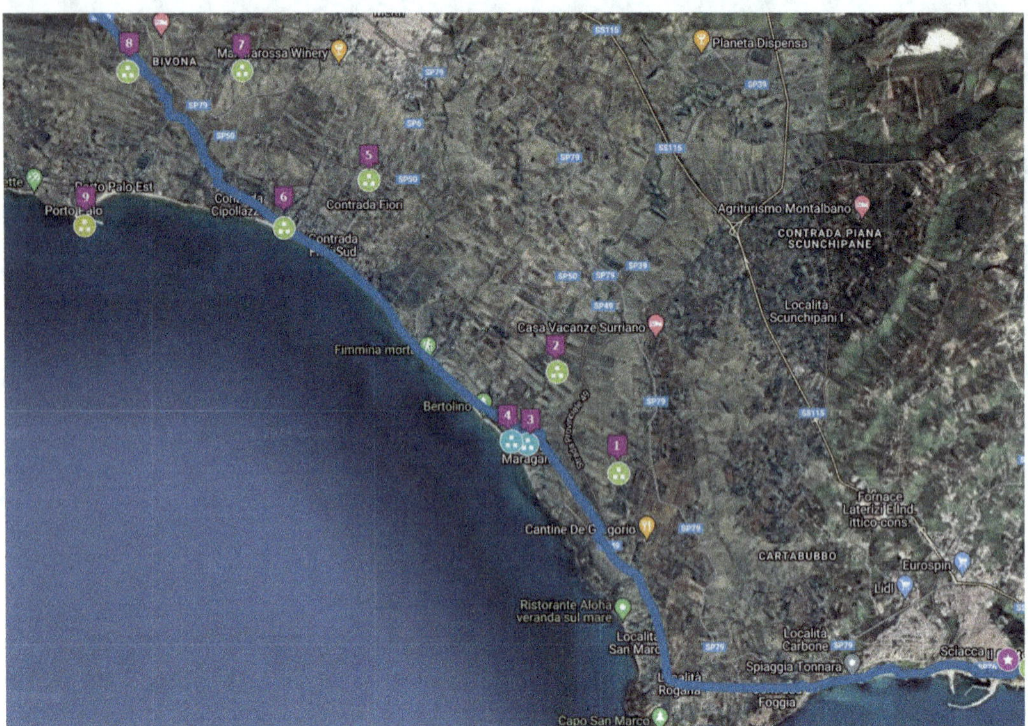

1) Contrada Maragan

Area con frammenti di cronologia varia: ceramica indigena di impasto grezzo, frammenti di ceramica a vernice nera di età classica ed ellenistica, anfore tardo romane e bizantine, frammenti di ceramica invetriata.

2) Contrada Maragni

L'insediamento si estende sulla riva sinistra del fiume Carboj, a circa 1500 metri dalla foce, dove il fiume ha formato un'ansa che ha causato la parziale distruzione dell'insediamento stesso. Si tratta di una vasta area di frammenti ceramici ad altissima densità, estesa per circa un ettaro. L'analisi dei materiali raccolti indica una frequentazione ininterrotta dall'inizio del III secolo a.C. fino alla prima metà del VII secolo d.C., documentata dalla presenza di ceramica campana delle produzioni A e C, ceramica sigillata italica, e vasellame delle produzioni A, C e D della sigillata africana.

3) Foce del Carboj

Il sito si trova su una pianura sulla sponda sinistra della foce del fiume Carboj, caratterizzata da frammenti ceramici ad alta densità. L'area si sviluppa parallelamente al corso del fiume e verso sud-ovest è delimitata dalla linea di costa. In superficie si trovano frammenti di ceramica ellenistica e romana, inclusi ceramica greca a vernice nera, ceramica di uso comune e da fuoco dell'epoca ellenistico-romana, terra sigillata italica, terra sigillata africana della produzione D, tegole e anfore da trasporto romane. La densità dei frammenti aumenta verso la sponda del fiume, suggerendo la presenza di un insediamento abitativo collegato a un approdo fluviale. Età Greco Ellenistica/Età Romana – IV sec. a.C.-V sec. d.C.

4) Foce del Carboj/C.da Bertolino di Mare

Il sito è situato su una pianura alla destra della foce del fiume Carboj, con frammenti ceramici ad alta densità. La fascia rettangolare è delimitata a sud dalla sponda destra del fiume e a ovest dalla linea di costa, separata dalla spiaggia da un boschetto di pini marittimi. In superficie si trovano frammenti di ceramica ellenistica e romana, inclusi ceramica greca a vernice nera, ceramica d'uso comune e da fuoco ellenistico-romana, terra sigillata italica, terra sigillata africana della produzione D, tegole e anfore da trasporto romane. Vi è anche abbondante pietrame e blocchi di calcarenite appena sbozzati, probabilmente parte di strutture murarie ora perdute. La densità dei frammenti aumenta verso la sponda del fiume, suggerendo la presenza di un insediamento abitativo. Età Greco Ellenistica/Età Romana – IV sec. a.C.-V sec. d.C.

5) Contrada Fiore

Resti di strutture riferibili a un insediamento rurale e frammenti di ceramica ellenistico-romana. II sec. a.C. - I sec. d.C.

6) Foce del Varvaro

Area con frammenti di età tardo romana probabilmente riferibili a una necropoli. Età romana tardoantica - IV-VI sec. d.C.

7) Contrada Bonera

Resti di strutture murarie antiche e frammenti di ceramica greca arcaica e romana, oltre a ceramica preistorica e utensili litici. Età Greca Ellenistica - Romana - Medievale. IV sec. a.C. - XII sec. d.C.

8) Contrada Malopurtetto

Area con frammenti di ceramica ellenistica, romana e medievale.

9) Porto Palo

Tra il 1997 e il 2001, la Soprintendenza BB.CC.AA. di Agrigento ha coordinato il recupero di parte del carico di un relitto punico-romano affondato a circa 100 metri dalla costa di Porto Palo di Menfi a una profondità di 4-5 metri. Sul fondo marino sono stati trovati fasciame della nave e anfore da trasporto. Età Romana Ellenistica/Repubblicana – III-I sec. a.C.

Area di Selinunte

1) Contrada Dimina

Insediamento ellenistico- romano e imperiale

2) Contrada Dimina - Casa Giacomarro

Insediamento neolitico

3) Fermata Latomie

Abitato punico e romano, con area di frammenti fittili di età classica (due siti).

4) Baglio S. Andrea

Abitato dalla fondazione di Selinunte al 409 a.C.

5) Contrada Guglitti

Area con frammenti fittili di età classica ed ellenistica.

6) Contrada Latomie – Case Bottali

Abitato punico

7) Contrada Allegra – Margio

Necropoli di età classica.

8) C.da Latomie - Baglio Cusa - Cave Barone

Cave, insediamento e necropoli dall'età preistorica all'età tardoantica.

9) Case Saporito – Muretta

Necropoli di età classica.

10) Contrada Rabita

Necropoli di età classica.

11) Contrade Rabita – Piccione

Area con frammenti fittili di età classica, ellenistica e romana.

12) Contrada Nastasi (Bresciana di So)

Tombe di età classica.

13) Manicalunga 1 e 2

Area con frammenti fittili di età ellenistica (Manicalunga 1).
Area con frammenti fittili di età classica (Manicalunga 2).

14) Manicalunga 5

Area con frammenti fittili di età classica ed ellenistica (Manicalunga 5).

15) Timpone Nero

Necropoli selinuntina e necropoli dell'età del Bronzo.

16) Gaggera

Area con frammenti fittili di età classica.

17) Parco Archeologico di Selinunte

I resti dell'antica Selinunte si trovano sul territorio del comune di Castelvetrano, nella parte meridionale della provincia di Trapani. Tutto il terreno interessato forma oggi un parco archeologico tra i più estesi del mondo (260 ettari). Il sito archeologico è ricco di monumentali rovine testimonianza dell'antico splendore di Selinunte.

18) Necropoli di Contrada Buffa

Necropoli di età arcaica e classica.

19) Marinella

Insediamento Greco e Romano

20) Trenta Salme

Fattoria romana, Insediamento e necropoli ellenistica .

21) Parche di Bilello

Insediamento e necropoli dell'età del bronzo. Paleolitico superiore? (100)

Tratto Campobello di Mazzara – Mazara del Vallo

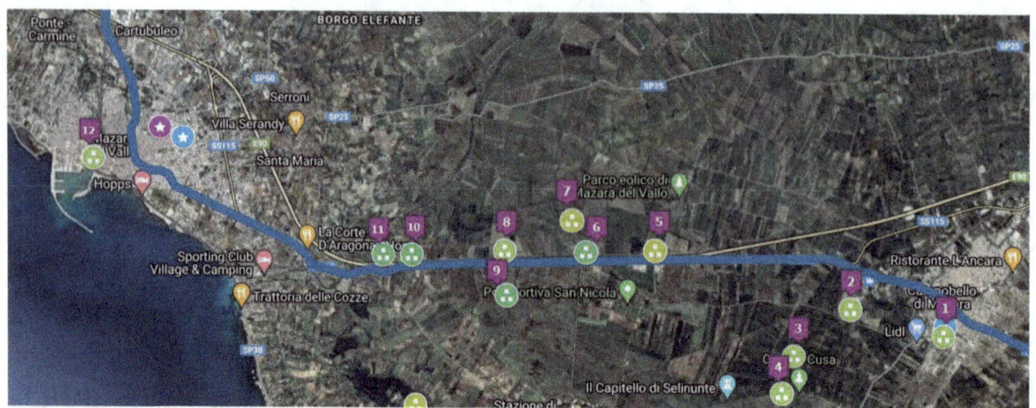

1) Erbe Bianche – Santo Monte

Abitato del Medio Bronzo e necropoli greca del V secolo a.C.

2) Torre Cusa Burgio

Necropoli del Bronzo Antico e insediamento romano.

3) Contrada Cusa

Insediamento tardo – romano

4) Cave di Cusa

La vasta area delle Cave di Cusa si trova a circa 13 km a nord-ovest di Selinunte, nel territorio di Campobello di Mazara, su un pianoro vicino alla costa. Da queste cave si estraeva il materiale per le costruzioni dei templi di Selinunte. Il luogo, sebbene distante oltre 10 chilometri da Selinunte, fu scelto per la presenza di un banco di calcarenite molto compatto e massiccio, che permetteva di staccare elementi di grandi dimensioni come quelli del tempio C. I pezzi, dopo essere stati quasi interamente lavorati, venivano staccati grazie all'effetto martinetto prodotto da cunei di legno espansi con l'acqua. Le cave furono abbandonate bruscamente a seguito dell'invasione dell'esercito cartaginese nel 409 a.C. I pezzi rimasero sul posto, alcuni appena sbozzati. Dei rocchi già estratti, alcuni erano pronti per essere trasportati; altri, già in viaggio verso Selinunte, furono abbandonati lungo la strada. Oltre a rocchi di colonne, nelle cave si possono riconoscere anche alcuni capitelli e incisioni rettangolari per ricavare blocchi squadrati, destinati ai templi di Selinunte.

5) Contrada S. Nicola Est

Insediamento preistorico e medievale.

6) C.da S. Nicola - Masseria Saporito

Insediamento rurale ellenistico, romano e medievale.

7) C.da S. Nicola 1

Insediamento del Medio e Tardo Bronzo.

8) C.da S. Nicola 2

Necropoli greca e cave

9) Contrada S. Nicola Sud

Insediamento arcaico

10) Piana di S. Nicola - Baglio Maiale

Insediamento di età preistorica ed ellenistica.

11) Dubesi

Insediamento neolitico e romano.

12) Mazara del Vallo – Centro Urbano

Scalo fenicio, presidio fortificato punico e poi romano, attivo anche in epoca arabo-normanna.

Area del Lago Preola e Gorghi Tondi

1) Catafossi dolina orientale

Insediamento preistorico

2) Catafossi dolina occidentale

Insediamento preistorico

3) Catafossi dolina mediana

Insediamento e necropoli mesolitico e paleocristiano.

4) Finocchiara

Insediamento di epoca medievale.

5) Gorghi Tondi - Bosco Lentini

Insediamento di epoca neolitica e romana.

6) Gorghi Tondi - Gorgo orientale

Insediamento - Necropoli di eta' di eta' preistorica, tardo romana

7) Gorghi Tondi - Gorgo mediano

Insediamento e necropoli di epoca preistorica e tardo romana.

8) Gorghi Tondi - Gorgo occidentale 1

Necropoli dell'età del Bronzo.

9) Gorghi Tondi - Gorgo occidentale 2

Insediamento paleolitico

10) S. Nicola Soprano - Fossa Campanella

Insediamento e necropoli preistorico, tardo romano e paleocristiano.

11) S. Nicola Soprano - Lago della Preola

Rinvenimenti faunistici del pleistocene

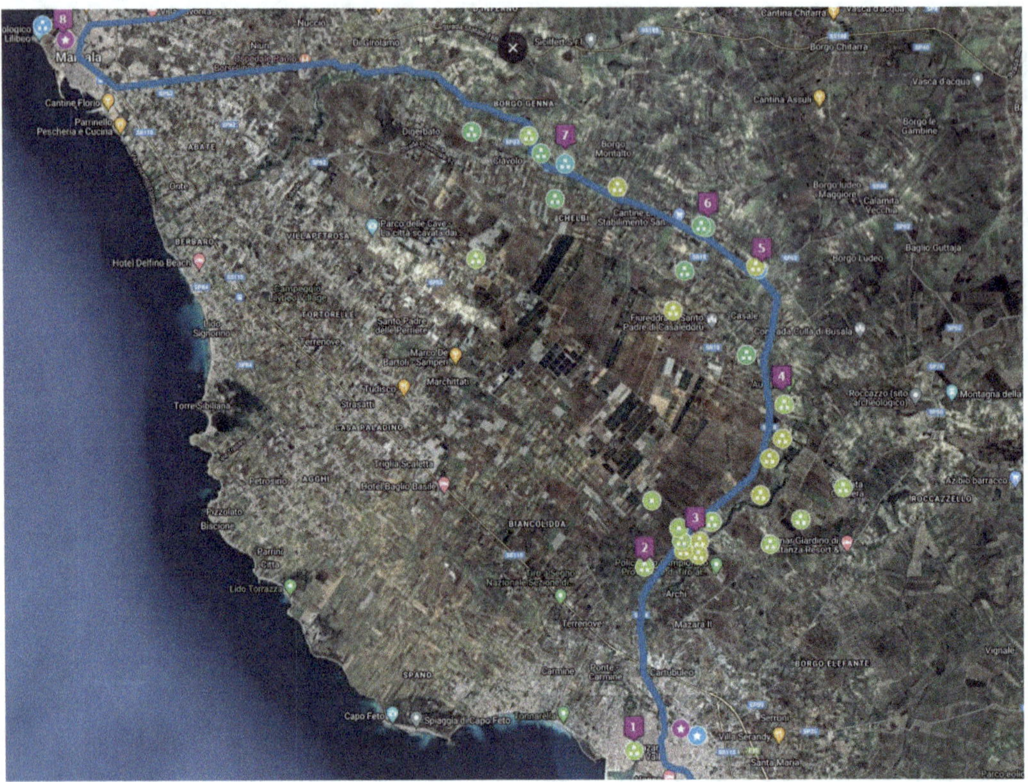

- V13.1: **Mazzara del Vallo** (Mazaris) (C29 - Itinerarium Antonini) (3.473 B. Pace)

- V13.2: Giangreco (C26) (CAMS) (CSRT)

- V13.3: Gli Archi (CAMS)

- V13.4: Contrada Guletta (CAMS)

- V13.5: Casale Nuovo (CAMS)

- V13.6: Contrada Mirabile (CAMS)

- V13.7: Contrada Perrone (CAMS)

- V13.8: **Marsala (Lilibeo)** (C29 - Itinerarium Antonini) (C28 - Tabula Peuntingeriana) (3.473 B. Pace) (C30) (C26)

SELINUNTINA V13\1 - [11,3 km]

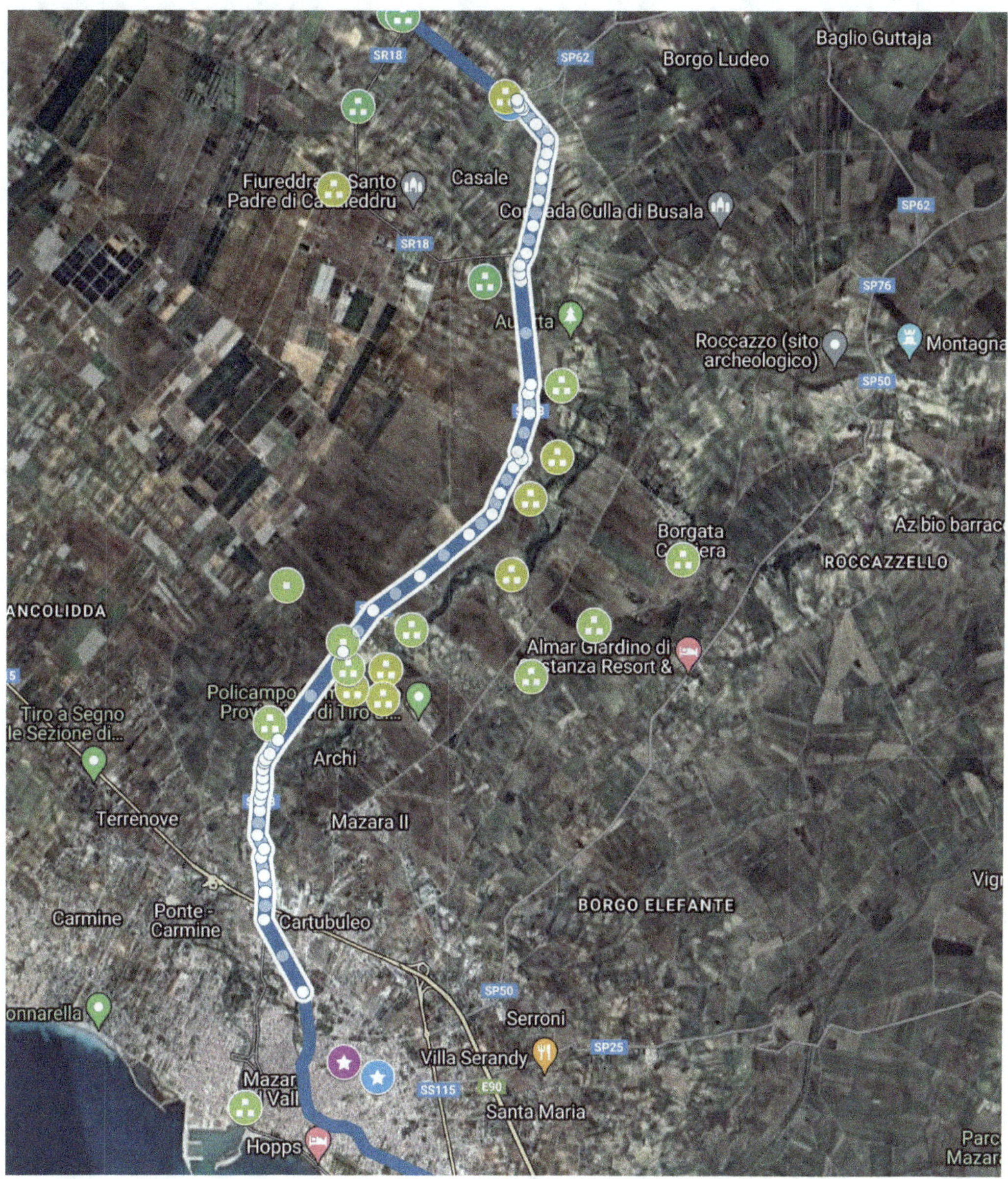

Ricostruzione orientativa

SELINUNTINA V13\2 - [12,1 km]

Tratto presente nella viabilità storica e corrispondente al tracciato del XIX secolo (C26).

SELINUNTINA V13\3 - [6,34 km]

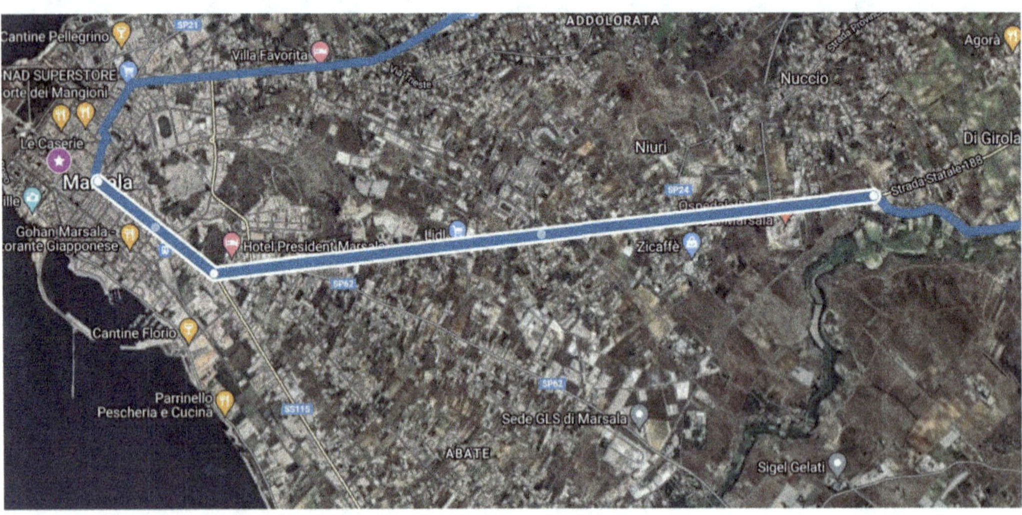

Tratto presente nella viabilità storica e corrispondente al tracciato del XIX secolo (C26).

Siti archeologici individuati durante il percorso V13

Elenco sintetico dei principali siti archeologici individuati nelle immediate vicinanze del percorso (per i dettagli e la geolocalizzazione dei singoli siti, si rimanda alle schede catalogate all'interno CAMS).

1) Giangreco

Insediamento rustico di epoca romana.

2) Gli Archi

Necropoli dell'età del Bronzo.

3) Gli Archi ovest

Insediamento e necropoli dell'età del Bronzo e paleocristiana.

4) Gli Archi est 1 e 2

Archi Est 1: Insediamento e necropoli dell'età del Bronzo.

Archi Est 2: Insediamento preistorico.

6) Grotta Ferla

Insediamento preistorico e paleocristiano.

7) C.da Castedduzzo

Villaggio neolitico; necropoli neolitica (cultura Castellucciana); tombe ipogeiche paleocristiane.

8) Torre Granatelli 1

Villaggio neolitico con successivo insediamento di età romano-imperiale.

9) Torre Granatelli 2

Villaggio neolitico con tombe ipogeiche e successivo insediamento di età romano-imperiale.

10) Gattolo 2

Necropoli dell'età del Bronzo Antico.

11) Gattolo 1

Necropoli preistorica dell'Antico Bronzo.

12) Ciantrato

Insediamento e necropoli preistorica e tardo-romana.

13) C.da Guletta - Case Savalla

Insediamento e necropoli di epoca preistorica e romana.

14) Torre Busala

Insediamento e villa rustica di epoca preistorica e romana.

Secondo tratto

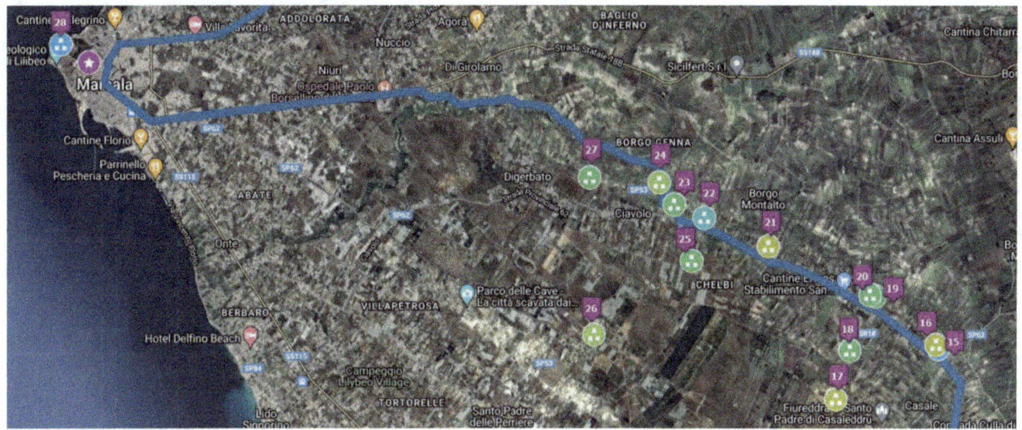

15) Casale Nuovo

Insediamento di epoca romana e medievale.

16) Casale Nuovo - Casale Vecchio

Insediamento e necropoli di epoca arabo-normanna.

17) C.da Inchiapparo

Necropoli dell'età del Bronzo.

18) Contrada Mirabile 1

Villa romana (I-V secolo) su preesistenze ellenistiche.

19) C.da Mirabile 2

Villa rustica di epoca romana.

20) Baglio Catalano

Villa romana su preesistenze di epoca tardo-ellenistica.

21) Case Cantoniere (Chelbi)

Insediamento medievale.

22) Baglio Perronello

Insediamento di epoca romana.

23) Contrada Perrone

Resti di epoca romana: II sec. d.C., III sec. d.C., IV sec. d.C., V sec. d.C.

24) C/da Mola

Area di frammenti fittili: VI sec. a.C., V sec. a.C.

25) Contrada Sinubio

Insediamento di epoca romana.

26) Baglio Cozzo Grande

Insediamento ellenistico

27) Baglio Grande

Villa romana di età imperiale.

28) Capo Boeo

Resti dell'antica Lillibeo.

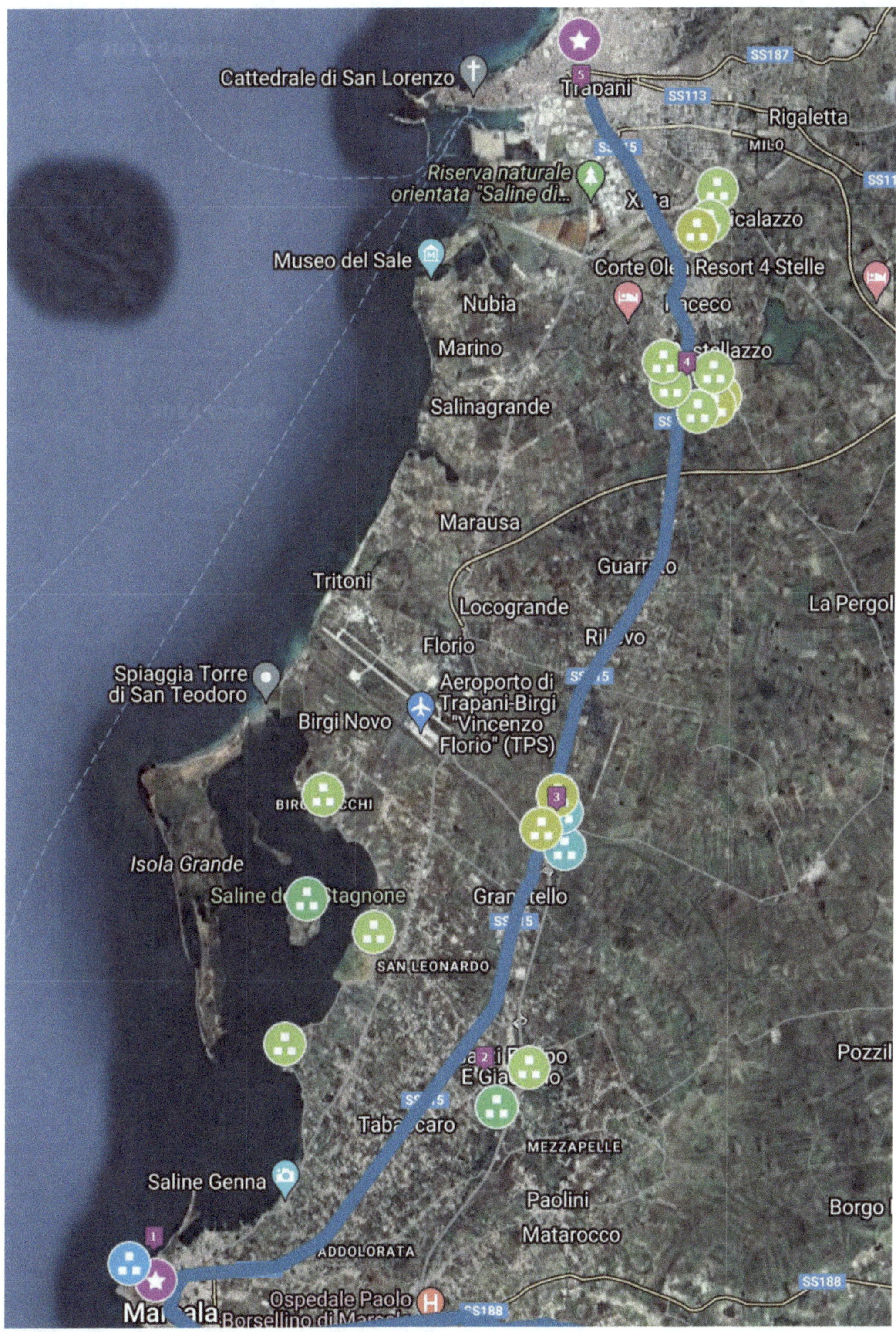

Cattedrale di San Lorenzo
Trapani
SS187
SS113
Rigaletta
MILO
Riserva naturale
orientata "Saline di..."
Xitta
icalazzo
Corte Oleri Resort 4 Stelle
Museo del Sale
Paceco
Nubia
stellazzo
Marino
Salinagrande
Marausa
Guarrato
La Pergol
Tritoni
Locogrande
Florio
Rilievo
Spiaggia Torre
di San Teodoro
Aeroporto di
Trapani-Birgi
"Vincenzo
Florio" (TPS)
Birgi Novo
BIRGI CCHI
Granitello
Isola Grande
Saline de Stagnone
SAN LEONARDO
i Firmo
E Gia no
Pozzil
Tabaccaro
MEZZAPELLE
Saline Genna
Paolini
Borgo
Matarocco
ADDOLORATA
Marsala
Ospedale Paolo
Borsellino di Marsala
SS188
SS188

- V14.1: **Marsala (Lilibeo)** (C29 - Itinerarium Antonini) (C28 - Tabula Peuntingeriana) (3.473 B.Pace) (C30) (C26)

- V14.2: Rakalia (CAMS)

- V14.3: Granatello (CAMS) (CSRT)

- V14.4: Verderame (CAMS) (CSRT)

- V14.5: **Trapani** (C29 - Itinerarium Antonini) (C28 - Tabula Peuntingeriana) (3.473 B.Pace) (C30) (C26)

Unico tragitto di 29,4 presente nella viabilità storica e corrispondente al tracciato del XIX secolo (C26). Andrebbe valutata una possibile alternativa passante per Mozia

Siti archeologici individuati durante il percorso V14

Elenco sintetico dei principali siti archeologici individuati nelle immediate vicinanze del percorso (per i dettagli e la geolocalizzazione dei singoli siti, si rimanda alle schede catalogate all'interno della banca dati CAMS).

Primo tratto

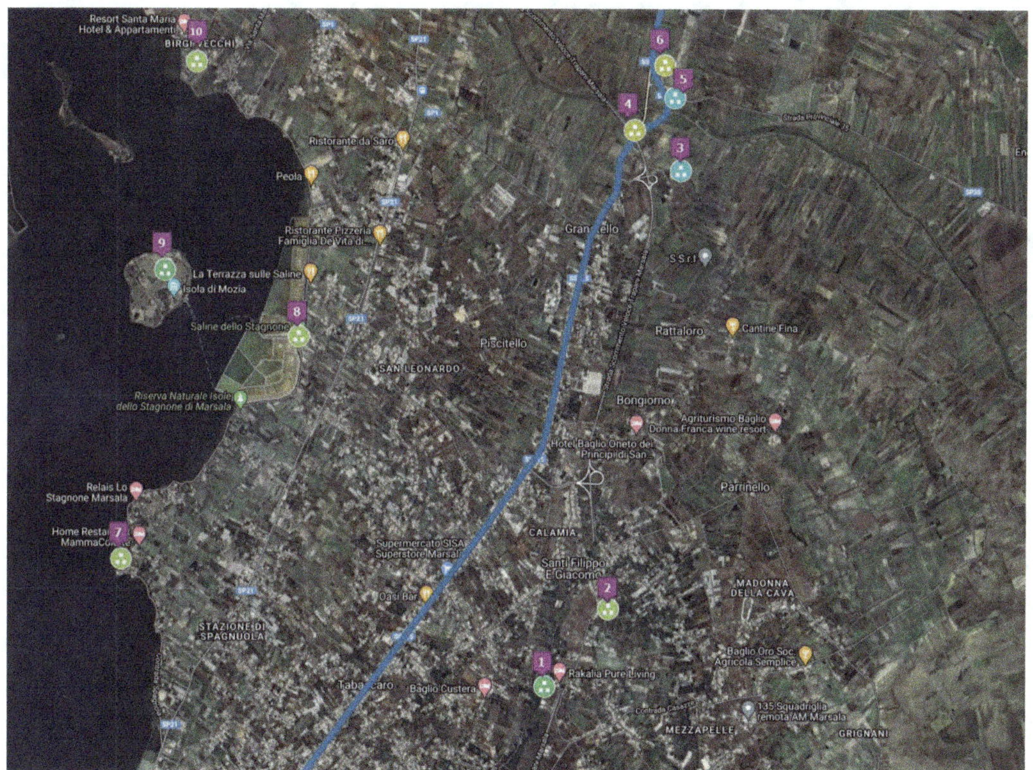

1) Rakalia o Racalia

Insediamento preistorico-protostorico, tardo antico

2) Bufalata

Resti di una villa romana

3) Baglio Granatello 1

Insediamento imperiale romano su precedente stanziamento ellenistico

4) Baglio Granatello 2

Insediamento paleolitico

5) Baglio Granatello – propaggine Nord

Insediamento di eta' romana

6) Rocche Draele

Insediamento paleolitico

I seguenti siti farebbero pensare ad una variante passante per Mozia

7) Punta Palermo

Insediamento Punico romanizzato.

8) Saline Ettore e Infersa

Insediamento Punico romanizzato.

9) Mozia (Isola di Pantaleo)

Resti dell'antica Mozia, città fenicia sita sull'isola di San Pantaleo, nello Stagnone di Marsala.

10) Birgi

Necropoli punica ed insediamento

Secondo tratto

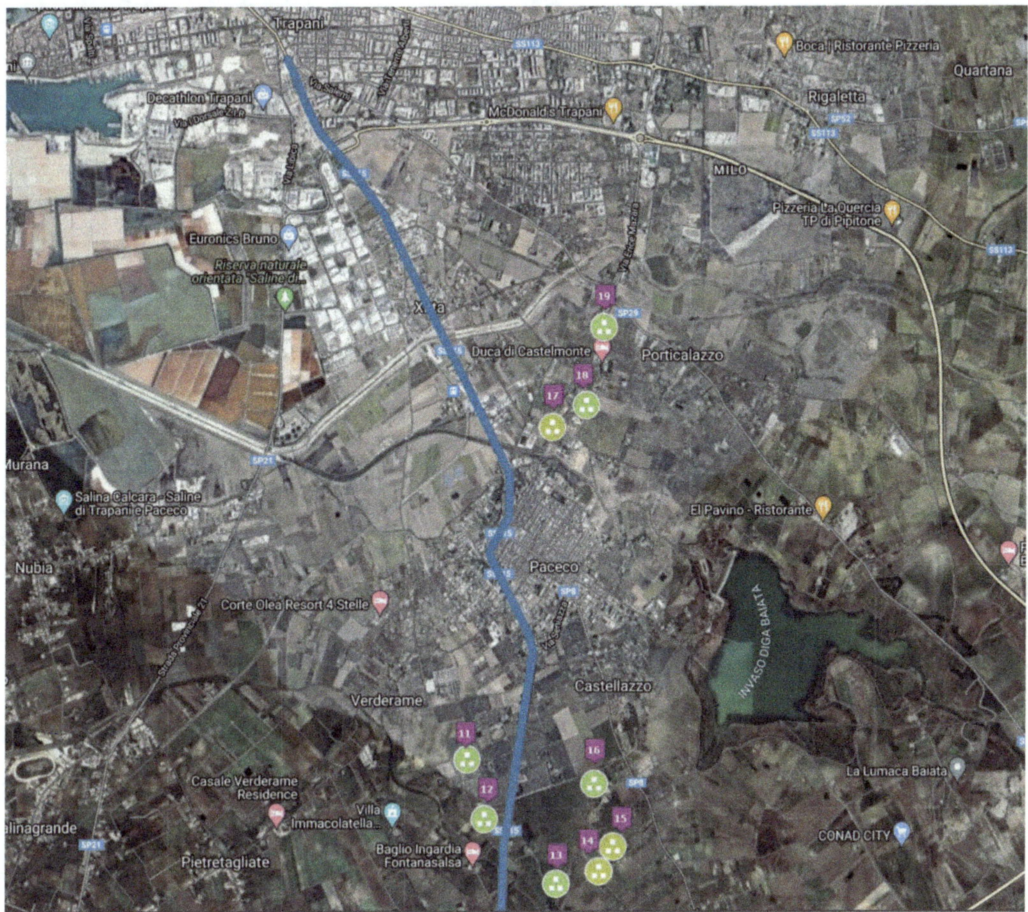

11) Verderame - Quasarano 1

Fattoria ellenistica - romana

12) Verderame - Quasarano 2

Affioramenti di età arcaica

13) Verderame - Quasarano 3

Sito preistorico e protostorico; arcaico ed ellenistico

14) Balatello

Capanna dell'età del bronzo

15) Timpone Sole

Capanna dell'età del bronzo

16) Villa Torrearsa

Fattoria di età romana

17) Sciarotta Malummeri

Insediamento preistorico

18) Cipponeri

Area con ritrovamenti di manufatti di età romana e medievale

19) Fondo Curatolo Saura

Area con ritrovamenti di manufatti di età romana e medievale

Bibliografia

[1] Giovanni Uggeri: La formazione del sistema stradale romano in Sicilia

[2] Elisa Bonacini: Una proposta di identificazione lungo la via A Catina – Agrigento in AITNA – Quaderni di Topografia Antica – 4 – Centro Siciliano di Topografia Antica

[3] Biagio Pace: Arte e Civiltà della Sicilia Antica Vol. 1 pag. 453-488

[4] (C28) Tabula Peutingeriana (carta medievale del mondo romano redatta da un monaco di Colmar XIII secolo

[5] Itinerarium Antonini

[6] Descrizione della Sicilia cavata da un libro arabico (rist. anas. 1764) di Al-Idrisi (Autore), Nuccio Cannarella (a cura di), Domenico Macrì (Traduttore) Pubblicazione del 2019

[7] "Geografia di Guidone IX secolo

[9] "Cosmografia" dell'anonimo Ravennate VIII secolo

[11]: Patitucci – G. Uggeri, *Contributo alla* Tabula Imperii Byzantini *della Sicilia: la Valle dell'Ippari*, in S.A.M.I., *Atti VII Congr. Naz. arch. Med. (Lecce 2015)*, Firenze 2015, pp. 436-41.

[12]: Dalla Sicilia all'Adriatico. Rotte marittime e vie terrestri nell'età dei due Dionigi (405-344) di Giovanni Uggeri. Estratto da: La Sicilia dei 2 Dionisi: Atti della settimana di studio Agrigento 24-28 febbraio 1999 (Progetto Agragas, 2.

[13]: G. Uggeri: *Itinerari e strade, rotte, porti e scali della Sicilia tardoantica*, in *Atti IX Congresso Sicilia Antica (Palermo 1997)*, «Kokalos» 43-44 (1997-1998), Roma 2000, pp. 299-364.

[14]: Il Sistema viario romano in Sicilia e le sopravvivenze medioevali. Estratto da: LA

SICILIA RUPESTRE NEL CONTESTO DELLE CIVILTA' MEDITERRANEE Atti del sesto Convegno Internazionale di studio sulla Civiltà Rupestre Medioevale nel Mezzogiorno d'Italia (Catania - Pantalica - lspica, 7-12 settembre 1981) – Congedo Editore Galatina – 1986

[15]: G. Uggeri: La viabilità romana in Sicilia con particolare riguardo al III e al IV secolo. In Kokalos XXVIII-XXIX 1982-1983

[16] G. Uggeri. Sistema viario e insediamento rupestre tra antichità e medioevo. Estratto dal volume HABITAT – STRUTTURE – TERRITORIO Congedo Editore Galatina – 1978

[17]: G. Uggeri. La Sicilia nella "Tabula Peutingeriana" – Editore Loffredo – Napoli 1968

[18]: G. Uggeri: Viabilità antica e viabilità medievale. Un esempio di persistenza nella lunga durata: La via Palermo - Agrigento, in Società multiculturali nei secoli V-IX (Atti VII giornate sull'età romanobarbarica, Benevento), a cura di M. Rotili, Napoli 2001, pp. 321-36.

[19]: Atti del Convegno L'antica Petiliana nell'Itinerarium Antonini Delia (CL) 6 Settembre 2014 a cura di Luigi Santagati e Paolo Busub - Società nissena di storia patria - Collana Scarabelliana n. 24

[20] CAMMINI E VIE SACRE IN SICILIA Guida alla scoperta delle esperienze di cammino da percorrere in Sicilia Diario di viaggio per segnare i "passi" dei Cammini – Brochure a cura della Regione Sicilia – 2014. Iniziativa realizzata dall' assessorato del Turismo, dello Sport e dello Spettacolo con risorse di cui al Progetto di Eccellenza "Itinerari di turismo naturalistico" L. 296/2006 Art. 1

[21] G. Uggeri: Sull'Itinerarium per maritima loca da Agrigento a Siracusa, «Atene e Roma», n.s., XV (Firenze 1970), 2-3, pp. 107-117.

[22] Adolfo Holm Storia della Sicilia Antichità Vol. III Cap IV

[23] Statio amoena Sostare e vivere lungo le strade romane a cura di Patrizia Basso Enrico

Zanini

[24] Il sistema a rete delle trazzere demaniali: documento di autore sconosciuto trovato in internet link: https://docplayer.it/21507277-Il-sistema-a-rete-delle-trazzere-demaniali.html

[25] Da Renda a Palermo a cura di: Maria Carmela Ferracane, Sandra Proto, Fabio Militello Regione Siciliana 2013

[26] Biagio Pace: I più recenti scavi di Camarina in Archivio Storico per la Sicilia Orientale Anno XIV - Fascicolo I, II, II (1917)

[27] Marco Sfacteria: Viabilità romana in Sicilia. Nuove osservazioni sull'ipotetico percorso della via interna Catania-Agrigento – Rivista P e lo r o I, 1 – 2016

[29]: Corrado Fianchino, Gaetano Sciuto: I percorsi delle naturalità nel sud-est della Sicilia – Aracne Edittrice – 2017

[30] LE VIAE PUBLICAE: PROFILI TECNICI E REGIME GIURIDICO Tesi di Dottorato di Giulia Calcagno

[31] Mansionibus nunc institutis (It. Ant. 94,2). Dottorato di Ricerca di Marco Sfacteria (It. Ant. 94,2). 2016 + [31B] Tavole associate

[32] Luigi Santagati: Quando le trazzere non si chiamavano trazzere in Ricerche storiche e archeologiche nel Val Demone Atti del Convegno di studi Monforte san Giorgio (Messina 17-18 maggio 2014

[35] Francesca Buscemi: Percorsi antichi e viaggiatori moderni attraverso gli Iblei. Note di topografia storica in: Paesaggi archeologici della Sicilia sud-orientale. Il paesaggio di Rosolini a cura di Francesca Buscemi e Francesco Tomasello – pubblicato all'interno del progetto K.A.S.A 2008 (Koinè Archeologica, Sapiente Antichità) finanziato nell'ambito del programma Interreg IIIA Italia-Malta, anno 2004-2006

[36] Tommaso Fazello – Storia di Sicilia Volume I. Palermo

[37] Dizionario topografico della Sicilia di Vito Amico – tradotto da Gioacchini di Marzo Vol. 1 – Palermo 1855

[38] Dizionario topografico della Sicilia di Vito Amico – tradotto da Gioacchini di Marzo Vol. 2 – Palermo 1859

[39] Aldo Casamento - La Sicilia dell'Ottocento – Cultura topografica e modelli cartografici nelle rappresentazioni dei territori comunali. Le carte della Direzione Centrale di Statistica – Edizioni Giada – Palermo - 1986

[40] Tucidide – La Guerra del Peloponneso Vol. VI, VII

[41] Luigi Bernabò Brea La Sicilia prima dei Greci – Edizione Il Saggiatore 1958

[42] Giorgio Bejor - Aspetti della romanizzazione della Sicilia. In: Modes de contacts et processus de transformation dans les sociétés anciennes. Actes du colloque de Cortone (24-30 mai 1981) Rome: École Française de Rome, 1983. pp. 345-378. (Publications de l'École française de Rome, 67);

[43] G. Perez - La Sicilia e le sue strade Palermo 1861

[44] Cicerone "Il Processo di Verre"

[46] Aurelio Burgio: La via Catina-Thermae tra l'alta valle dell'Imera Meridionale e la costa tirrenica: ipotesi sul tracciato e sopravvivenze medievali in Atti del Convegno di Studi: Itinerari e comunicazioni in Sicilia tra Tardo-antico e Medioevo - Caltanissetta il 16 Maggio 2004

[47] Rosalba Panvini: Itinerari di età romana nella Sicilia Centromeridionale in Atti del Convegno di Studi: Itinerari e comunicazioni in Sicilia tra Tardo-antico e Medioevo - Caltanissetta il 16 Maggio 2004

[48] Salvatore Scarlata e Liborio Bellone: Un'ipotesi di percorso in età antica tra Catania ed Enna in Atti del Convegno di Studi: Itinerari e comunicazioni in Sicilia tra Tardo-antico e Medioevo - Caltanissetta il 16 Maggio 2004

[49] Luigi Santagati Per una topografia della Sicilia antica. Itinerari e trazzere in Atti del Convegno di Studi: Itinerari e comunicazioni in Sicilia tra Tardo-antico e Medioevo - Caltanissetta il 16 Maggio 2004

[50] Lucia Arcifa: Viabilità e insediamenti nel Val Demone. Da età bizantina a età normanna in Atti del Convegno di Studi: Itinerari e comunicazioni in Sicilia tra Tardo-antico e Medioevo - Caltanissetta il 16 Maggio 2004

[51] Carlo Citter, Giuseppe Maria Amato, Valentina Di Natale, Andrea Patacchini: A Stratified Route Network in a Stratified Landscape. The Region of Enna (Central Sicily) from the Bronze Age to the 19 th c. AD.

[52]: Map 47 Sicilia Compiled by R.J.A. Wilson, 1997

[53]: Luigi e Marilisa Santagati: Bibliografia ragionata sulla viabilità della sicilia antica - in Atti del Convegno L'antica Petiliana nell'Itinerarium Antonini - Delia (CL) 6 Settembre 2014

[54]: Luigi e Marilisa Santagati: Sulle cosiddette vie francigene di sicilia. oppure anche il vescovo gualtiero era una via? - in Archivio Nisseno Anno XI – n. 21 Luglio – Dicembre 2017)

[55]: Giuseppe Arlotta, Vie Francigene, hospitalia e toponimi carolingi nella Sicilia medievale. In Atti del Congresso Internazionale di Studi (26-29 ottobre 2000) – Salerno

[56]: Giuseppe Maria Amato: La Magna Via Francigena e la Sicilia. Brevi riflessioni sulla nascita di un equivoco e sul suo uso in termini di "turismo culturalmente insostenibile" (testo pubblicato su Accademia.edu)

[57]: Piano Paesaggistico Regione Sicilia - Ambiti 2-3 Trapani: Schede delle Regie trazzere ambito 3

[58]: Davide Comunale: Itineraria, monumenti e strade: per un nuovo approccio topografico e culturale alla viabilità regionale Le Vie Francigene di Sicilia e il caso della Magna Via Francigena (2017)

[59]: Angelo Vintaloro- "Atlante della antica viabilità della Sicilia centro-occidentale"- Editore Archeoclub Alto e Medio Belice Corleonese

[60] Luigi Santagati: Un pò di luce sulla via Valeria romana. In "Ricerche storiche ed archeologiche nel Val Demone – Atti del II convegno Barcellona Pozzo di Gotto (ME) Parco Jalari – 1 e 2 aprile 2017"

[61] Luigi Santagati: Su una possibile via romana a Capo Calavà. In Medieval Sophia 14 (luglio – dicembre 2013)

[62] Luigi Santagati: LA VIA CONSOLARE ROMANA VALERIA DAL PONTE SUL FIUME IMERA A MARSALA E TRAPANI, In Galleria – Anno II – N° 2 Gennaio – Giugno 2021

[63]: Elisa Bonacini: Capitoniana a Contrada Favarotta – Tenuta Grande? In Valdinoto Rivista della Società Calatina di Storia patria e Cultura 1/2006

[64]:Relazione a cura di Chiara Michelini   Il miliario di Aurelius Cotta (ILLRP n. 1277): una lapide in contesto. © 2006 Scuola Normale Superiore Pisa

[65] Soprintendenza per i Beni culturali e ambientali di Palermo. Archeologia i Siti dell'Entroterra

[66] Notiziario Archeologico della Soprintendenza di Palermo 3/2016

[67] Da Parthenicum a Hykkara in Il primo cristianesimo nell'Africa romana in Sicilia – quattro note – Studi di Archeologia – Dipartimento di Beni Culturali. Sezione Archeologia Università di Palermo (2011)

[68] Biagio Pace – Camarina – Topografia – Storia – Archeologia Catania 1927

Cartografia

CAMS: Carta Archeologica Multimediale di Sicilia

C1: Road and rail communications – 1943 Autore: Great Britain. Army. Royal Engineers. Field Survey Company, 514th.

C2: Regni & Insvlae Siciliae Tabula geographica ex Archetypo gradiori in hoc compendium redacta – 1747 autore: Homann, Johann Baptist

C3: Carta generale della isola di Sicilia -1826 autore Smyth, William Henry (si veda C15)

C4: Nova et accurata Siciliae Regionum, Urbium, Castellorum, Pagorum Montium, Sylvarum, Planitierum, Viarum Situum ac Singularium quorumque locorum et rerum ad Geographiam Partinentium Descriptio Universalis – 1721 autore Schmettau, Samuel von

C5: Carte de l'Isle et Royaume de Sicile – 1717 – Autor: Delisle, Guillaume, 1675-1726

C6: Siciliae Insulae – 1720 – Autor : Covens, Johannes, 1722-1794

C7: Sicily. Publisher: Robert Laurie & James Whittle (1799) (sempre riferibile alla carta di Schmettau))

C9: Insvlae sive Regni Siciliae, ante omnes Mediterranei maris Insulas clarissima. Autor: Weigel, Christoph, 1654-1725

C10: Regni & insvlae Siciliae tabula geographica – 1747

C11: Mappa Geographica totius Insulae et Regni Siciliae Autor: Seutter, Matthäus, 1678-1757

C12: Siciliae Antiquae quae et Sicania et Trinacria dicta tabula geographic – 1714). Publisher: L'Isle, Guillaume de, 1675-1726

C13: [4] Tabula Peutingeriana (carta medievale del mondo romano redatta da un monaco di Colmar XIII secolo

C14: [5] Itinerarium Antonini

C15A: Carta Generale dell'Isola di Sicilia – autore Smyth, William Henry, Publisher: Officio Topografico 1826 (Sud-Est)

C15B: Carta Generale dell'Isola di Sicilia – autore Smyth, William Henry, Publisher: Officio Topografico 1826 (Nord est)

C15C: Carta Generale dell'Isola di Sicilia – autore Smyth, William Henry, Publisher: Officio Topografico 1826 (Ovest)

C15D: Carta Generale dell'Isola di Sicilia – autore Smyth, William Henry, Publisher: Officio Topografico 1826 (Area Agrigento)

C16: Linee guida del Piano territoriale paesistico regionale – Viabilità storica

C17: Siracusa ai tempi di Gelone e Gelone I cartina con le strade in uscita da Siracusa allegata al libro di Adolfo Holm : Storia di Sicilia-Vol. I

C18: Rete Trazzerale di Sicilia (1929). Pubblicata nella Rivista del Catasto e dei Servizi erariali nel 1941 e circolante sul web

C19: AKRAKAS cartina Allegata al libro di Adolfo Holm : Storia di Sicilia-Vol. I

C20: L' Isola di Sicilia divisa nelle sue valli. Calcografia camerale (1792) (Rome, Italy) – Autore: Ram, de Johannes 1648-1693

C21: Regni Siciliae et insulae Maltae et Gozae, cum circumjacentibus insulis (1690) Autore: Ram, de Johannes 1648-1693

C22: Central and south Italy: to accompany the handbooks for travellers (1858) Autore : Murray, John, 1808-1892

C23: Septima Europa tabula continet Sardininiam & Sicilia insulas Autore: Ptolemy, 2nd cent. Stampa Hol, Lienhart (1482)

C24: Septima Europa tabula Autore: Ptolemy, 2nd cent. Stampa Contributore : Silvani,

Bernardo Stampa Venice : J. Pentius de Leucho (1511)

C25: South Italy (1860) Pubblicazione: Illustrated Times (London)

C26: Europe in the XIX. century (with the Third Military Survey)

C27: Carta Comparata della Sicilia Moderna – con la Sicilia del XII secolo – A.H Dufour Geografo e Michele Amari – Parigi 1859

C28: Siciliae Antiquae Tabula (1834) (Sicilia Tabulae Peutingerianae)

C29: La Sicile Pour l'Histoire Romaine (1740)

C30: Cartografia dei Piani Paesaggistici della Regione consultabili online (per le trazzere e percorsi storici)

C31: Topografia Storica e Archeologica del TERRITORIO CAMARINESE allegato al volume [68] Biagio Pace – Camarina

C32: Carta dei Sentieri e delle Regie Trazzere. (CSRT)